知っておきたい
電子マネーと仮想通貨

三菱総合研究所：編

マイナビ新書

はじめに

服を買ったり、食事をしたり、日常生活で〝お金〟は不可欠な存在といえるでしょう。そして〝電子マネー〟は日常に浸透しつつあり、安心して支払いできる手段のひとつとして、その価値を高めています。支払いをすることを専門的には〝決済〟と呼んでいますが、有史以来、物々交換に始まり、現代ではお金を介して等価交換という行為をすることを意味します。

個人的な記憶では、高校生のときにアルバイトを始め、銀行口座を作り、キャッシュカードを作って、貯金したお金で海外旅行に行くためにクレジットカードを作りました。

それまでは、現金決済オンリーが当たり前だったのが、クレジットカードを持つことで、なんと便利なことなのか。数十年も前のことですから、現代の決済事情とずいぶんと異なることはありますが、高額な商品を銀行からお金を下ろさず買い物できるということが、衝撃ともいえることでありました。

現金決済が当たり前という時代から、クレジットカードで支払い、ポイントを獲得することから、利用状況に応じた特典付与等々に派生し、お金を使うこと自体がサービスを生み、さらに新たなサービスを生み出しています。

その背景として、情報通信技術の発展、インターネットの普及があり、従来では常識であった意識を変えるきっかけとなり、日常生活を変革し、さらにその変革を加速させています。

本書の構成ですが、第1章では社会に浸透しつつある電子マネー全体を説明し、第2章では電子マネーとは異なるものの新たな電子決済の仕組みとして注目されている仮想通貨について説明します。そして、第3章では電子化によって新たな局面を迎えつつある地域通貨について解説し、第4章で電子決済の今後についてまとめます。そして、最後の第5章では、仮想通貨を支える技術であるブロックチェーン自体の解説と、その技術の仮想通貨だけではない活用方法に関して説明します。

なお、本書のタイトルから、昨今は投資商品として注目を集めるビットコインを容易にイメージされると思いますが、本書では、あくまで決済システムとしての仮想通貨や仮想通貨を支える技術であるブロックチェーンの可能性を解説することを目的としており、やみくもにビットコインへの投資を勧誘、抑制、問題視するようなことを意図していません。投資商品としての仮想通貨については、そのリスクも補足しています。

決済を取り巻く分野は、新しいことが起こっていて社会的変革を引き起こし、知的好奇心を満たしてくれる分野であることには違いありません。それが何なのか、本書を通じて、読者のみなさんにも読み取っていただければ本望です。

今回の執筆メンバーは、三菱総合研究所の社内の有志から構成されており、決済という金融業界の観点からの専門的な話に限定されません。日常生活、身の回りに起こっている背景をふまえて、現在をわかりやすく、平易に説明し、将来の社会にとってどのような影響や選択肢があるのか、議論できる情報を提供することを意図しています。

知っておきたい電子マネーと仮想通貨

目次

第1章　電子マネーとは

第2章　仮想通貨とは

第3章　地域通貨の可能性

第4章　決済サービスの未来

第5章　ブロックチェーンの可能性

第1章　電子マネーとは

電子マネーとポイント

まず「電子マネー」とは何かを考える際、比較対象を「現金」、そして「ポイント」とすると、電子マネーは**「電子的に決済ができる、現金の価値を持つもの」**になります。

それに対してポイントは、何か買い物をした際に〝おまけ〟としてもらえるものであり、ポイント自体には、本来、現金的な価値はありません。

電子マネーは、現金をチャージ（入金）する形で、現金との価値が固定されており、それによって現金と等価の価値を持つことになります。

現金は誰でも使うことができますが、電子マネーは使用できる場所がある程度限定されています。逆に言うと、現金に等しいものを、限定された〝場所〟と〝目的〟で使ってもらうために、さまざまな事業者が電子マネーを発行しているので、一種の〝囲い込み〟と言ってもよいでしょう。

電子マネーは、自社の店舗やサービスで使ってもらいたい企業が発行主体になっていることが多く、最近では、スーパーマーケットが電子マネーを発行するケースもかなり増えています。これは、なるべく同じスーパーマーケットで買い物をしてもらいたいという意図が多分に含まれているのです。

電子マネーとよく似た形式で、いわゆる〝プリペイドカード〟と呼ばれるものがあり、自分で事前にチャージした分だけが支払いに使える〝前払い式〟の決済方式を採用しています。電子マネーとプリペイドカードの違いは、サーバー管理型なのか、カードに残高が管理されているのかの違いだとよく言われています。

つまり、テレホンカードのように、カードに残高が記載されていて、そのカードを持っていることがその価値を保証しているのが、プリペイドカードです。

一方、最近の電子マネーと呼ばれるものは、サーバーにすべての価値が保存されていて、カードはそこにアクセスするための〝鍵〟でしかありません。そこがプリペイドカードとの大きな違いです。

ただし、厳密に言うと、スターバックスやドトールといったコーヒーショップが発行しているカードは、プリペイドカードと呼ばれていますが、実際はサーバー型を採用していて、仕組みとしては電子マネーと同じになっています。

電子マネーの種類

交通系の電子マネーであるＳｕｉｃａ（スイカ）は、その中間ともいえる形式を採用していて、価値はカードに記載されていますが、ネットワークで認証することによって、初めて利用することができます。そういった、いわゆるネットワーク系のＳｕｉｃａのようなタイプは日本独特のもので、あまり世界的にはないタイプの形式です。

世界的な標準は、サーバー管理型でカード側には価値を持たせていないのが

電子マネー・ポイントの種類

種類	導入例	概要
電子マネー（プリペイド・共通）	Suica 楽天 Edy 楽天キャッシュ nanaco WAON	現金をチャージする形式で対応する多くの店舗で利用できる。チャージ方法が限定されているケースが多い。
電子マネー（プリペイド・ハウス）	miyoka（イズミヤ） LaCuCa（ライフ）	発行元の店舗のみで使える。商品券やプリペイドカードに近い。
電子マネー（プリペイド・サーバー型）	WebMoney BitCash	残高等の情報をサーバー上で管理する電子マネー。IC カード不要なので、ネットサービスで多く活用できる。
プリペイドカード・商品券	Amazon ギフト券 プレイステーションストアカード 楽天ギフトカード など多数	基本的に換金不可。多くの店舗で提供されており、基本的に現金で購入。
共通ポイント	T ポイント Panta 楽天ポイント d ポイント	多様な店舗で利用できるポイント。
個社ポイント	Amazon ポイント など多数	特定の店舗のみで利用できるポイント。購入金額の一定割合で付与される。

一般的です。日本は伝統的に、テレホンカードのようにカード側に価値を持たせたほうが受け入れられやすいということで、Ｓｕｉｃａもその伝統を受け継いでいるのです。

サーバー管理型だと、サーバーが攻撃にあったり、サーバー管理者が悪意を持つと改ざんすることができます。しかし、価値が手元にあれば、そういった改ざんを行うことはほぼ不可能なので、こちらのほうがセキュアだと言う人もいます。ただ、価値がユーザーの手元にあると、発行残高などの管理が困難になるため、あくまでも発行者側の意図で言えば、サーバー型のほうがビジネスメリットは大きくなると考えられます。

形式による違いは別にして、現金を交換し、電子的に決済できるものは、大括りに〝電子マネー〟と言ってよいのではないかと思います。そういう意味では、ＱＵＯカードのようなギフト券みたいなものも、電子マネーにカテゴライズできるかもしれません。

あらためて、今風の〝電子マネー〟を定義すると、間にサーバーがあり、サーバーと通信することによって決済ができるものであり、その中にはICチップを使ったものや磁気を使ったものがありますが、その違いはあまり考慮する必要はありません。荒っぽく言ってしまえば、**現金と紐付けられているデジタルデータはすべて電子マネー**なのです。

電子マネーという言葉が広く使われ出す以前は、テレホンカードなどの磁気カードが主流でしたが、あらためて考えると、これらも電子マネーにカテゴライズすることができます。

しかし、新たに〝電子マネー〟という言葉が出てきた背景は、ポイント制度がきっかけになっています。お金を使うこと自体がサービスになり、〝おまけ〟としてポイントが付くというのは、例えばスタンプカードを使うような方法で昔から存在していましたが、それを電子的にやり始めたことによって、新しいサービスが生まれ、お金を使うこと自体がサービスになってきたことをきっかけとして、それ以前から存在はしていたけれども、そこを境に、〝電子マネー〟という言葉で広がり出したのです。

その一方で、〝後払い方式〟であるポストペイド型のｉＤ（アイディー）やＱＵＩＣＰａｙ（クイックペイ）なども電子マネーと呼ばれることがありますが、これらのモデルは、ＩＣカードを使って電子的に決済をしているだけで、その実態はクレジットカード（32ページ参照）なので、電子マネーとは異なる存在です。

同じように、デビットカード（debit card）も電子決済に使用されますが、これは銀行口座と紐付けられており、その実態は現金による直接のやり取りなので、こちらも電子マネーとは呼びません。

そういう意味では、「前払い式」を意味する〝プリペイド〟というのが電子マネーのキーワードになっていて、**事前に、またはサーバーとリアルタイムに連携**

して現金を、現金と等価のものに変換したものが「電子マネー」と呼ばれるものになるわけです。

電子マネーのユーザー側のメリットとデメリット

電子マネーのメリットは、決済の際に現金が不要なので利便性が高く、使用履歴がすべて記録されるので管理がしやすいところにあります。そして、場合によっては、**電子マネーで決済を行うと、ポイントなどの優遇が受けられるケースもあります。**

逆にデメリットは、例えば１０００円で購入すれば１０００円の価値を持っているにもかかわらず、使える場所、お店、用途は限定されてしまうことです。さらに、現金から電子マネーには変換できますが、電子マネーから現金への変換は基本的にできません。この、**〝用途が限定される〟ことと〝不可逆性〟の２点が**

電子マネーのデメリットとして考えられます。

かつては、プリペイドによってプレミアムがつくことがありました。テレホンカードを例にすると、1000円で105度（1050円分）のテレホンカードを購入することができました。バスや電車の回数券も、料金以上のプレミアムがつきます。

しかし、最近の電子マネーでは、そういった上乗せは基本的に行われていません。とはいえ、まったくプレミアムがないわけではなく、プレミアムのつけ方が変わってきていて、先にも述べたとおり、ポイントによる優遇などでプレミアムをつけているケースもあります。

発行者側の視点で言えば、1000円の現金に対して、もし1100円分の電子マネーを発行すると、いつでも現金に交換できるようにという法律の関係で、預託金を準備する必要があります。つまり、1100円分の売上が立ったような処理をしなければならないのです。しかし、ポイントにすればその処理は不要になりますから、1000円使用されたらポイントを1割アップするといった形で還元したほうが、発行者側の負担も少なくなるのです。

発行者側にとって、電子マネーは現金以上のコストが掛かります。システム費用や決済手数料などが必要となるため、1000円で発行しても、その時点で損をしており、プラスアルファのおまけをつける余力があまりないのです。そのため、なるべく原資が少なくても済むポイントで優遇するという流れに移行しています。

また、昔のプリペイドカード、例えばJRのオレンジカードなどは、そのまま自動改札を通過することができず、券売機を使って切符を買う必要がありました。つまり、現金での利用と手間がほとんど変わらないため、購入への動機づけとして、何らかのインセンティブが必要だったのです。

しかし、イオカードやパスネットのように、そのまま改札を通過できる形式になれば、それだけで利便性という付加価値が生まれるため、さらにおまけをつける必要性が薄れてきます。実際、ユーザーアンケートなどを見ると、**電子マネー**

を使う動機は、〝現金よりもお得〟であることよりも、〝利便性〟を求める声のほうが大きくなっています。

電子マネーの発行者側のメリットとデメリット

一方、発行者側のメリットは、**ユーザーに利便性という付加価値を与えることができるほか、レジなどにおける決済の簡素化、そしてプリペイドによる囲い込みといったことが挙げられます。**

しかし、もっとも大きなメリットは、**顧客情報の取得により、有効なマーケティングが行える**点にあるかもしれません。TSUTAYA（ツタヤ）のTポイントなどのような、いわゆる共通ポイントは、このマーケティング利用が最大のメリットになるのですが、購入者の情報から得られるメリットと手数料のバランスに不均衡が多くなります。そこで、最近では共通ポイントをやめて、自社に関連するチェーン店でのみ使える独自のハウス型電子マネーを発行することで囲い込みを図るスーパーマーケットなども増えています。

一方、発行者側にとっての電子マネーのデメリットは、先にも述べたとおり、**コストが掛かるところで、利益率の低い業態では、依然として現金での取引がメインになっています。**というのも、利益率が3％しかないのに、決済手数料が5％も取られるとすると、電子マネーで決済されればされるほど赤字になってしまうからです。

クレジットカードは、手数料分を価格に上乗せしてはいけないという規約があるため、もともとクレジットカードでの支払い比率が高い家電量販店などは、クレジットカード決済を前提にした値付けになっていたりもします。そういったところでは、現金管理の手間や工数を減らすことができる電子マネーによる決済のメリットは非常に大きくなるのです。

また、**電子マネーはユーザー単価が高くなる傾向にある**ことも見逃せないポイントです。実際にアンケートなどでも、ユーザー単価が上がる効果があるという結果が明確に出ています。

例えばＳｕｉｃａを利用して電車に乗る際、駅でわざわざ料金表を見ることがなくなってきたのではないでしょうか。金額に対する意識が低くなるという意味でも、電子マネーは、お金を使ってもらいやすいツールといえるかもしれません。

電子マネーやクレジットカードによる〝キャッシュレス化〟は、ユーザーにも発行者側にも大きなメリットを生みますが、だからといって、すぐに現金が利用できなくなるということはないでしょう。これは、新聞の折り込みチラシと同じ理屈で、スーパーマーケットは折り込みチラシを絶対にやめられません。

なぜかと言えば、折り込みチラシでないとリーチできない客層が必ず一定数はいるからです。最近流行りの電子チラシのようなものをいくら導入しても、やはり折り込みチラシをやめることはできず、結局、チラシのコスト削減には繋がらないのです。これと同じで、現金しか利用しない顧客が一定数いるため、現金決済をやめることができないのです。

今後のオペレーションなどを考えると電子化は必須なのですが、現金決済をやめることができない以上、電子化は単純にコストとして積み重なってしまう場合があります。

現在、クレジットカード・電子マネー決済のみの店舗という実験的なトライアルが行われていますが、そういった店舗の成功・失敗が、今後の流れに大きく影響していきそうです。

海外はクレジットカード社会?

世界的なキャッシュレス化の流れに、もちろん日本も乗ってはいますが、圧倒的に現金による決済の比率が高いのが現状です。いまだに、クレジットカードは借金であり、クレジットカードを使うことは悪いことであるような意識があったりもします。

ロジカルに考えれば、クレジットカードを使ったほうが絶対にお得です。同じ商品を同じ値段で買って、手数料は店舗が負担し、それでいてポイントがついたりするのですから、クレジットカードで買うほうがメリットは大きいはずなのですが、それでもあまり使われないのは、アンロジカルなもの、感情的なものが動いているからです。〝クレジットカード破産〟ということもありますが、まずはそのあたりの意識を変えていかないと、キャッシュレス化はなかなか進まないのではないかと思います。

ただし、海外はクレジットカード社会である、というのは少し誤解を生む表現です。日本人の場合、過去によほどの失敗をしていない限り、大抵の人がクレジットカードを所持することができます。

各国のクレジットカード普及状況

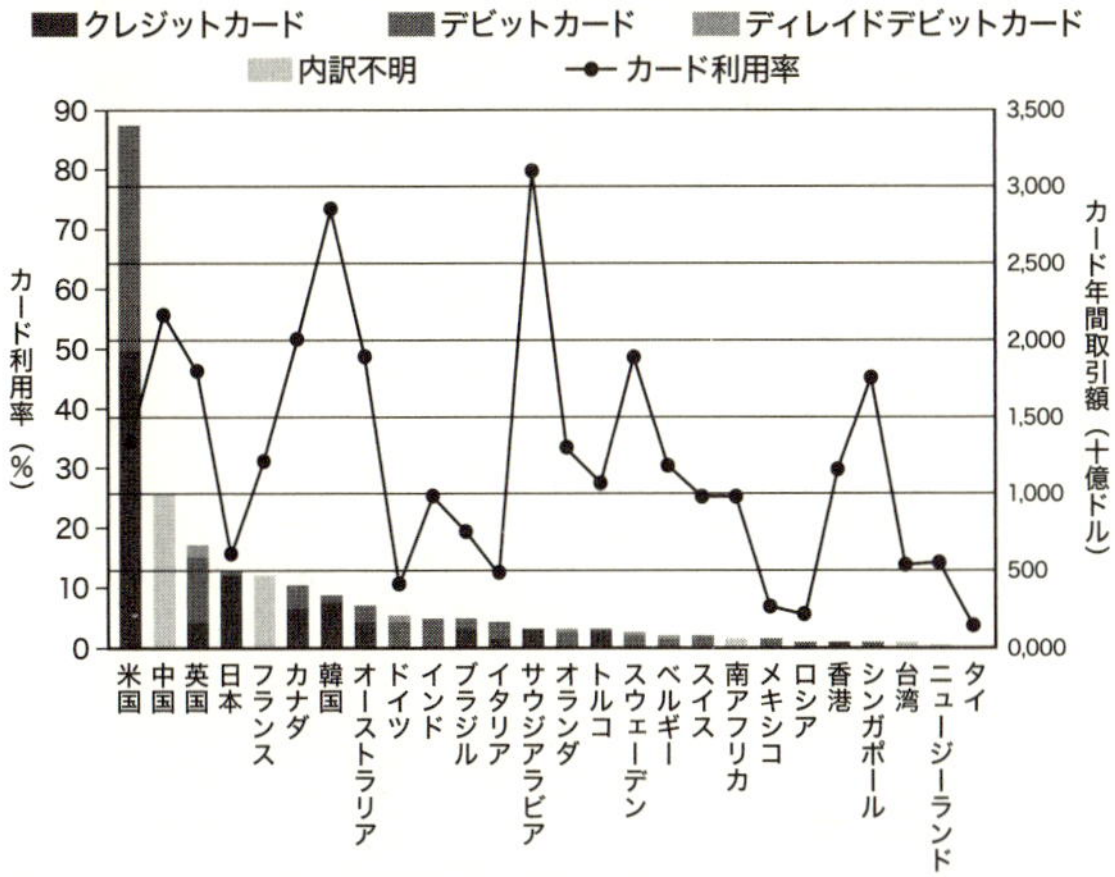

各国のカード利用率

国名	利用率
アメリカ	34.4%
中国	55.5%
イギリス	46.3%
日本	15.9%
フランス	31.0%
カナダ	51.4%
韓国	73.1%

出典：観光ガイドブック等各種関連情報をもとに三菱総合研究所作成

しかし、海外、特にアメリカは審査が厳しく、国民の半数はクレジットカードを持つことができません。デビットカードまでを含めると8割くらいの人が所持しているのですが、残り2割はクレジットカードもデビットカードも持っておらず、そもそも銀行口座さえ開けない人も少なくありません。

クレジットヒストリーというものがあって、これまでにどれくらいの借金をして、どれくらいを返したかという履歴がスコア（数値、点数）として積み上がっているのですが、そのスコアが一定以上でないとクレジットカードを作ることができません。しかし、そのスコアを積み上げるためにはクレジットカードを使わなければならない仕組みになっています。

一般の人は、大学が保証する学生カードでヒストリーを積んで、社会人になったときに、あらためて正式なカードに移行するのですが、それができない人がたくさんいるのです。

例えば日本人がアメリカに移住した場合、クレジットヒストリーのスコアがないので、アメリカでクレジットカードを作るのはほぼ不可能と言っていいでしょう。あらかじめ日本でクレジットカードを作っていない人は、アメリカの銀行が発行するデビットカードをクレジットカードのように使うしかありません。デビットカードはいくら使ってもクレジットヒストリーには影響しませんし、もちろん日本での実績もまったく考慮されません。

日本のクレジットヒストリーは、これまでに不払いを起こしていないかどうかを見るブラックリストのように扱われていますが、海外では、これまでにどれくらい借金して、どれくらい返したかという履歴を示すものであり、それが多ければ多いほど高く評価されます。

つまり、10万円借りて10万円返した人よりも、1億円借りて1億円返した人のほうが評価は高くなります。クレジットカードを使えば使うだけ評価が高くなるわけですから、できるだけクレジットカードを決済に使う社会になるわけです。

電子マネーとクレジットカード

基本的に、前払い式の支払い手段、つまりプリペイド方式のものが電子マネーだと言われていますが、最近はｉＤやＱＵＩＣＰａｙのようなポストペイド方式、つまり後払い式のものも電子マネーと呼ばれていて、若干定義が曖昧になっています。

ユーザー視点で言えば、プリペイドかポストペイドかはあまり意識されていないところなので、基本的には、クレジットカードよりも少額の決済を担う電子式の決済手段という定義が実情に即しているのかもしれません。

その定義からすると、法規制の強弱も違っていて、クレジットカードと比べると電子マネーは緩めの規制になっています。なぜ緩いのかというと、基本的にはサインレスで、キャンセルができないという特性が電子マネーにはあるからです。

クレジットカードはキャンセルが可能ですが、電子マネーは基本的にキャンセ

ルができません。基本的にというのは、交通系の電子マネーは運賃に関するキャンセルが特例で認められているからです。

資金決済法上は換金不可が原則なのですが、間違った入金をしたことがはっきりしていて、当日で、なおかつ同じ駅といった条件に当てはまる場合のみキャンセルすることができます。

資金決済法と割賦販売法

電子マネーの発行主体となる事業者、ユーザー、そして加盟店の関係はかなりシンプルですが、クレジットカードの場合は、構造がやや難しくなっています。事業者側に、クレジットカードを発行する「イシュアー（Issuer）」という事業と、加盟店を管理する「アクワイアラー（acquire）」という事業があります。日本では両方を兼ねている事業者がほとんどですが、海外では実際に別々の事業者が担っているケースが多いです。

クレジットカードでの決済が発生すると、まず「アクワイアラー」が立て替えをして、「イシュアー」が後から請求します。つまり、クレジットカード事業者は加盟店に対して立て替え払いをするため、そのための資金があらかじめ必要になります。そして、入金が延滞され、貸し倒れになるケースがあるので、非常に資金繰りが大変なのです。

一方、電子マネー事業者は先にお金をもらってプールする立場なので、お金が潤沢にあり、クレジットカード事業者と比べるとリスクは低くなっています。法的に言えば、クレジットカードは「割賦販売法」、電子マネーは「資金決済法」の管轄なのですが、クレジットカードのほうが事業者のリスクが高いこともあり、割賦販売法のほうが断然厳しい法律になっています。

電子マネー事業の構造において、一番リスクがあるのは電子マネー事業者が潰

電子マネーとクレジットカードの違い

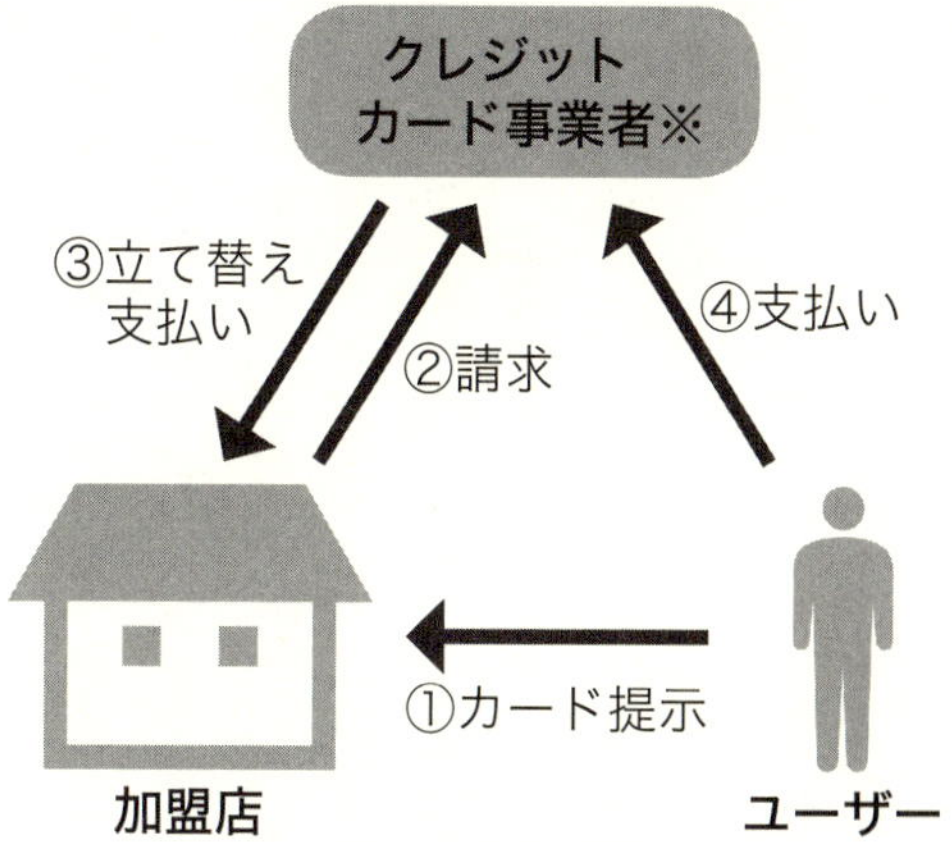

※イシュアー＝アクワイアラーの場合

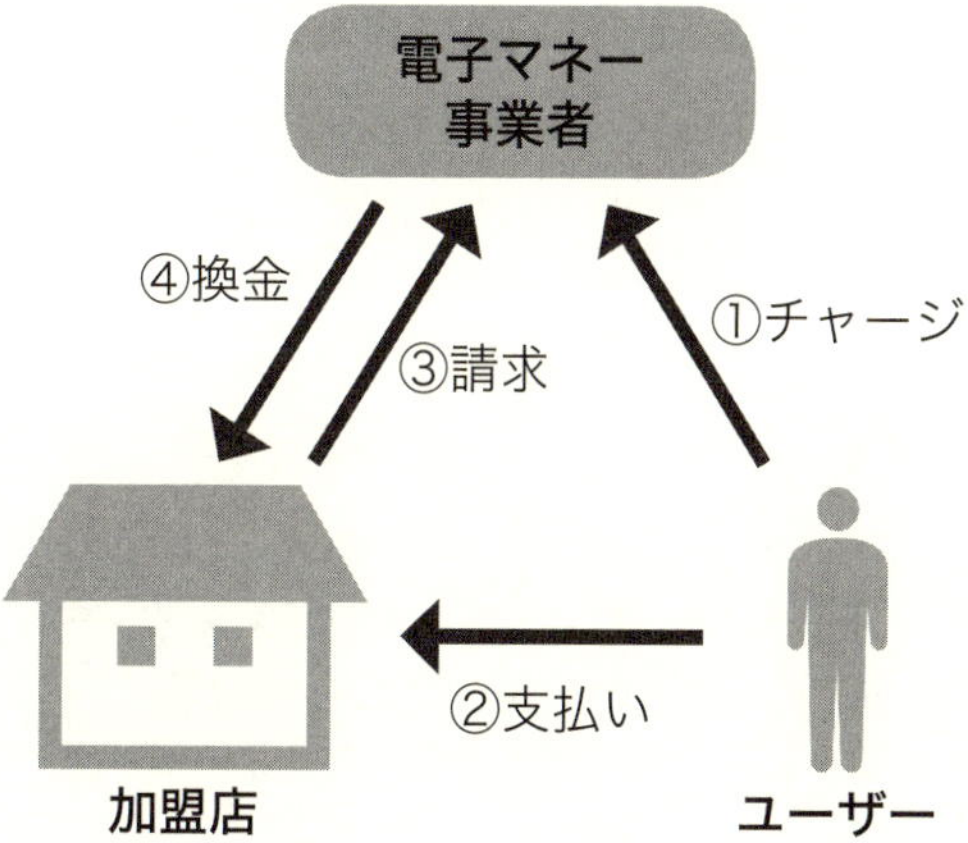

れてしまうことです。そうなると、利用者がチャージした金額がすべてなくなってしまいます。そのため、資金決済法においては、電子マネーの登録をする際、前払い式を選択する場合は供託金が必要になります。ここにプールされるであろう残高の半分を積んでおかなければならないのです。

一方、クレジットカード事業者の場合はその必要はありません。それはリスクが違うためであり、カードをスキミングされたり、そのカードで売ってもいない、ありもしない請求があげられてしまったりすることがあります。それでも立て替え払いをしなければならないので、クレジットカード事業者はすべての損害を被ることになります。

つまり決済の流れにおいては、加盟店に悪意が生じると、構造全体が崩壊してしまうため、割賦販売法では、加盟店の管理についての厳しい取り決めがあります。逆に、資金決済法においては、加盟店管理に関する決まりはほとんどありません。

加盟店獲得と横連携

英語で「得る者、獲得する者」などの意味を持つ「アクワイアラー」であるクレジットカード事業者は、加盟店を獲得するための営業部隊を抱えていて、加盟店獲得に力を入れていますが、現状の電子マネー事業者はそこまで力を入れていません。

というのも、WAONカードはイオン、nanacoカードはセブン&アイといったように流通系の母体があるため、系列以外への拡大ももちろん行ってはいますが、わざわざ加盟店獲得部隊を自前で抱えるようなことはあまりしておらず、電子マネー事業者がクレジットカード事業者に加盟店獲得を依頼するようなケースもあります。

基本的に、現在の電子マネー事業者は、電子マネー事業では儲かっていないと考えてよいでしょう。Suica、PASMO、nanaco、WAONといった電子マネーの事業者はすべて本業が別にあり、あくまでもサービスの一環でしかありません。

電子マネー専業の事業者であるビットワレットは頑張っていたのですが、創業以来の赤字続きで、現在は買収され、楽天ｅｄｙになっています。ほとんどの事業者が儲けるための事業として展開しているわけではないので、逆に勝負にならなかったのです。

例えばＷＡＯＮは、あくまでもイオンの囲い込みに役立てばいいわけです。そういった背景もあり、電子マネー事業者には、横の連携がほとんどありません。

一方、クレジットカード事業者には強い横連携があります。その理由は、貸し倒れになる可能性があるからです。そのため、クレジットカード協会が、ブラックリストという形で顧客情報を管理共有しています。

つまり、みんなで協力する体制がないと、貸し倒れが抑制できないのです。しかし、電子マネーには貸し倒れはありませんし、本業自体がライバル関係である場合も多いので、協力関係を築くケースはあまり見られません。

電子マネーの多くは自社内サービスのみに利用可能なハウス型と呼ばれる形式で、囲い込みやサービスの拡大を目的としており、決済自体で儲けようという意図はほとんどないのが現状です。

そもそも決済事業自体はあまり旨みのあるものではなく、例えばクレジットカードの場合、イシュアーとアクワイアラー、さらにＶＩＳＡやＭａｓｔｅｒといった国際ブランドで、３～５％の手数料を分け合っているような状況です。

そのため、決済をトリガーにして、他の商売に繋げていこうという動きがあるのです。モノやサービスを買うということは、まぎれもない事実であり、ＳＮＳで〝いいね〟を押すのと比べてもかなり濃い情報になります。

その事実を情報として活用することが重要であるという認識があるため、たとえ薄利であっても、さまざまな事業者が決済事業を抱えようとしているのです。

クレジットカードの国内取扱高はおよそ50兆円と言われていて、国内消費における普及率は15％弱となっています。

それに対して、電子マネーは5兆円くらいで、1回あたりの単価も、クレジットカード決済のおよそ10分の1です。そういう意味でも、ある程度のボリュームがなければ事業として成立させるのはかなり難しくなっています。

もちろんクレジットカード事業者も、手数料だけでの商売は厳しくなってきており、ショッピングリボルビングなどの分割払いやキャッシングとの組み合わせで利益を出している状況です。とはいえ、キャッシングも金利が制限されているため、収益源としての見込みは非常に薄くなっています。

そのため、クレジットカードも、電子マネーと同様、本業の戦略の一環として発行されることが多く、イオンやセゾンといった流通系や楽天などのＥＣ(electronic commerce）系、そして交通系はまだ元気ですが、銀行系や信販系はあまり元気がありません。やはり本業の後ろ盾があるところが強いという、電子マネーと同じような流れになっています。

ECサイトでのクレジットカードと電子マネー

さて、電子マネーはユーザー単価が上がる効果があると言いましたが、その一方で、チャージ額による制約という側面もあります。例えば3000円でオートチャージしている人は、3000円以上のものはあまり買おうとしません。

もちろん、10000円とか5000円でオートチャージをしているのであれば話は別ですが、いずれにせよチャージ額による制約というものが存在します。

あと、EC上ではチャージがしにくいという問題もあります。そこで現在、クレジットカードの仕組みを使いながらもプリペイド型で上限を決めて、チャージした分しか使えないような仕組みが検討されています。

そうなると、クレジットカードのような審査も要らず、子どもでも使いやすいというメリットがあります。ＥＣの世界ではプリペイド型がよいと言われていますが、今のところはあまり普及していないのが実情です。

一方、クレジットカードをＥＣ上で使う場合は、番号と有効期限だけで使えてしまうという怖さを認識する必要があります。つまりセキュリティの問題です。イシュアーであるクレジットカード会社のサイトにてパスワードを登録し、それを入力しないと買い物ができない「３Ｄセキュア」と呼ばれる仕組みも利用されていますが、どうしてもワンクッション増えてしまうため、ＥＣ業者が嫌がり、なかなか普及が進みません。逆に、電子マネーはそのあたりに入り込むチャンスがあるかもしれません。

負債に対するネガティブなイメージが障壁

日本でクレジットカードや電子マネーの普及がなかなか進まないのは、依然として現金主義の人が多いことが理由のひとつになっています。クレジットカードや電子マネー事業者の努力が足りないという厳しい声もあるかもしれませんが、**現金による決済のインフラが完全にできあがっていて、レジの性能もよく、どこにでもATMがある日本は、現金を使っていても困らない以上に、非常に便利な環境**と言えます。

また、現金主義であるのと同時に、特にクレジットカードの場合は、負債に対するネガティブなイメージが強いところも大きな理由として挙げられます。金利がつかないような状況でも、現金があれば現金で支払い、負債をできるだけ抱えないようにする人が多いのではないでしょうか。

ちなみにアメリカは小切手文化なので、借金や負債を厭わない傾向にあり、クレジットカードの使用にもネガティブな感覚はありません。このあたりは、やはり文化的な背景の違いが大きく影響していると言えますし、そういう意味では、先払いの電子マネーのほうが、日本人にはしっくりくるのかもしれません。

さて、電子マネーやクレジットカードについて整理したところで、はたして今後はどうなるのかを考えてみると、おそらく、前払いだとか後払いだとか、クレジットカードだとか電子マネーだとか、そういった概念はユーザーから見て垣根がなくなっていくのではないかと思います。実際、iDやQUICPayのように、クレジットカードなのか電子マネーなのか、区別が難しいものもあります。

ユーザーにとって、究極の決済手段は、決済を意識せずに決済が完了することです。クレジットカードであれ、電子マネーであれ、手段は何でもよく、支払う意志を示したという事実こそが大切なのです。

最近デモンストレーションが行われていますが、カゴに商品を入れて、ゲートを通過すると、すでに決済が終わっている、このように意識させない決済というのが究極であり、それを実現するのが決済の最終的な形なのかもしれません。

フィンテックがもたらすもの

ここ最近、フィンテック（FinTech）という言葉を新聞などで目にする機会も増えましたが、これはファイナンス（Finance）とテクノロジー（Technology）を組み合わせた造語で、日本では金融テクノロジーなどと訳されることがあります。

いわゆるモバイルペイメントや電子マネーなどがカテゴライズされる分野で、アメリカでは数年前から使われていますが、日本で話題になったのはごく最近のことです。その大きな理由は、日本とアメリカで、フィンテックの位置付けが大きく違っているからです。

アメリカでは、クレジットカードやデビットカードを持てない人が携帯端末を使って電子決済をできるようにすることを目的としてフィンテックが進んでいます。つまり、社会的な問題解決という目的も含まれているのです。しかし、日本の場合は、大抵の人はクレジットカードを作ることができますから、あまり大きな問題にはなっていないのです。

また、アメリカでは、クレジットカードを使うことが、クレジットヒストリーのスコアを高めるというメリットにも繋がるのですが、日本人の場合、クレジットカードを積極的に使う動機があまりなく、依然として〝借金〟という意識が強いのが現状です。

それに対して、電子マネーはプリペイド方式なので、クレジットカードのような借金という感覚はなく、チャージした分しか使えないので、使いすぎて破産してしまうという不安もありません。

そういう意味では、**日本が現金社会から電子決済社会に移行するためのツールとして、電子マネーは大きな可能性を秘めている**のです。

第2章

仮想通貨とは

ビットコインとは

２０１７年の後半、経済ニュースの大部分は「ビットコイン」の話題で大きく盛り上がりました。

ビットコインは、２００８年に発表されたサトシ・ナカモトの論文から始まっています。その論文は、情報のやり取りに対して信頼性を与える技術に関するもので、その実証のために例示されたものがビットコインであり、第三者が介在しなくてもデータの信頼性、価値の移転ができる仕組みを作ったところに大きなブレイクスルーがあると言われています。

通貨の信頼性については、中央銀行、日本円の場合は日本銀行が担保しているわけですが、中央で信頼性を担保しなくても、その情報が正しいということを担保する仕組みが、ビットコインを実現した〝ブロックチェーン〟（１５８ページ参照）の一番優れたところです。

運用開始から10年も経たない間に、ビットコインの時価総額はおよそ30兆円に達しており、1ビットコインの価格も、２０１７年初頭はおよそ8万円でしたが、12月には一時２００万円を超える値をつけるなど、非常に注目度も高まっています。ビットコインと同じ技術を使った亜種、いわゆる「アルトコイン」もしくは「オルトコイン」と呼ばれているものも、本書執筆時点では８００〜１０００くらい誕生していると言われています。ただし、実際に価格がついているようなものは、その中の10〜20くらいのレベルですが、ビットコインと同様、たくさん発行されて、市場で取引されています。

このビットコインは〝仮想通貨〟と呼ばれていますが、はたして電子マネーとは何が違うのでしょうか。

電子マネーは、企業なり法人なりが主体となって発行するものですが、ビットコインに関しては、誰かが管理して発行しているのではなくて、システムが用意されているだけなので、通貨と比較して発行主体がないと言われています。端的にいうと、暗号化されたやり取りの記録（ログ）があって、その暗号を最初に解いた人が報酬としてビットコインをもらうことができる仕組みになっています。その報酬のために、みんなが頑張って計算機（コンピュータ）を回し、それによって成り立っているのが、仮想通貨たるビットコインなのです。

電子マネーと違って用途は限定されませんが、金銭的な価値は、誰かが決めるのではなく、市場取引によって決まります。だから、どちらかというと〝金〟の取引に近いものと言えるかもしれません。

金銭的な価値を持って流通するものを通貨とするのであれば、仮想通貨は通貨なのですが（仮想通貨が通貨なのかという議論については、後ほどあらためて解説します）、あくまでも金に近いものと考えたほうがわかりやすく、実際、ついい先日までビットコインは〝モノ〟として考えられていたため、消費税の課税対象になっていました。

現在、**ビットコインによる決済が可能な店舗も存在していますが、事象としては物々交換に近く、あくまでもモノとして扱われているのが現状**です。

発行主体の有無でいえば、通貨は国が発行して、100円なら100円という価値を保証しています。仮想通貨にはそのような保証はありません。多くの仮想通貨は発行上限が決められているところに特徴があります。保有したい人が増えると価格が上がる仕組みです。昨今の仮想通貨の暴騰はここにあります。価値が逓《てい》増するデフレーション型貨幣といわれる所以です。1ビットコインを発行（採掘）するために必要な労力があるとすると、その労力が増えると電気代が増えて、コストが上がっていきます。

そして、仕組み的には採掘することによって獲得できるビットコインの量はどんどん減っていくようになっているので、労力に対する報酬をどんどん減らしていくことで、価値が下がらない仕組みになっているのです。

ただし、現在市場で取引されている価値が、本来的な価値を上回っているのか、下回っているのか、適正なのかは、誰にもわかりません。2015年時点で、1ブロックを採掘するスピードが、世界で一番速いスーパーコンピュータを上回っていると言われています。

採掘している人の計算パワーをすべて足し合わせると、世界で一番速いスーパーコンピュータよりも圧倒的に速いのです。だから、悪意のある人が、世界最速のスーパーコンピュータを使って介入したとしても、まったくパワーが追いつかず、絶対に不正ができない状況になっています。

それくらいビットコインには世界中の人が計算パワーをつぎ込んでおり、その計算パワーをもって信頼性が担保されているのです。なお、どれだけ計算パワーが増えても、あるいは減っても、ビットコインの仕組みは変わりません。10分に1回、採掘されるように、暗号のパズルの難しさが調整される仕組みになっているのも、ビットコインの持つ面白さと言えるでしょう。

ビットコインとＷｉｎｎｙ

ビットコインと「Ｗｉｎｎｙ（ウィニー）」の関係性は、その登場した最初のころからウェブ上では噂になっていました。元東京大学大学院情報理工学系研究科助手の金子勇氏によって開発されたファイル共有ソフトＷｉｎｎｙは、コントロールセンターとなるサーバーなしで稼働した、初の本格的なＰ２Ｐ（peer to peer）のシステムであり、ビットコインは明らかに、その構造上に載っていたのです。

ビットコインに関する論文を発表したサトシ・ナカモトについては、本名なのか偽名なのか、個人なのか団体なのか、その実態はまったくわかっていません。論文が発表された２００８年は、折しもサブプライムローンで、アメリカで金融破綻が起きた時期でした。

そこからビットコインの歴史が始まるのですが、システム自体は明らかにＷｉ

ｎｎｙのＰ２Ｐ構造上に載っており、それをブロックチェーンで繋げることによって過去を改ざんできないようにするという技術を具現化したものがビットコインです。Ｗｉｎｎｙとの関係性はあくまでも憶測であって、サトシ・ナカモトの実態がわからないので証明することは難しいですが、ネット上では大きな噂となりました。

中国の参入がビットコインをメジャーに押し上げた

そんなビットコインがメジャーな存在になったのは、やはり中国の参入が大きなトピックとなるのですが、よくぞＰ２Ｐの構造で中国のグレートファイアウォールを抜けたものだと思います。通常は当局からの押さえが入るのですが、ビットコインのＰ２Ｐシステムは、いとも簡単に乗り越えていったのです。

当局が見逃したのか、戦略的に泳がしたのか、ただ放置しただけなのか、そのあたりの事情はわかりませんが、とにかく採掘（マイニング）に中国のコンピュータリソースが大量に参加することによって、ビットコインの規模が一気に拡大したのです。

当初は中国のデータセンターにある余ったCPUパワーを活かして、ある意味、国ぐるみでマイニングに参加しているのかとさえ思われたのですが、どうも実情は違っていて、中国の若者たちが徒党を組んで、大量のノートPCとスマートフォンを駆使して参加しているというのです。あらためて中国のマンパワーには驚きを感じるところです。

ビットコインは、ある意味、マイレージやポイントに近い存在であり、それに通貨的な信用力をつけることで、裏切りのない世界を作っています。

紙幣を刷って、これを通貨とするという信用は、日本では日本銀行が与えています。つまり、日本銀行が崩れると通貨の信用も崩れてしまうのですが、ビットコインは崩れる可能性をなくした存在なのです。

もちろん、ある一定量の人が一斉にやめてしまうと崩れてしまう可能性もありますが、なかなかそうはならない構造になっていることが、2017年8月のビットコインとビットコイン・キャッシュの分裂によって立証されました。本来であれば、分裂の際に崩れてもおかしくはなかったのですが、崩れるどころか、逆に拡大し、後々は交換する仕組みまでできているのです。

現在、「アルトコイン」もしくは「オルトコイン」と呼ばれる、ビットコインの亜種も多数存在し、それぞれの経済圏が、地理的空間を超えて形成されています。

地球上に何層もビットコインコミュニティと、別のコミュニティが共存し、その中だけで生きていける経済圏があったり、場合によっては違う層とやり取りができる仕組みが用意されていたりします。その中には、ある一定のボリュームを形成できずに消えていくものがあるかもしれません。しかし、仮想通貨圏自体が崩れてしまうという可能性は、現時点ではかなり低いと思われます。

仮想通貨というと、いまだに怪しい存在だと思っている方も少なくないと思います。中には、マネーロンダリングの温床になると危惧する人もいます。しかし、**仮想通貨を移す際は、ブロックチェーン上にすべて記録されるので、怪しい動きがあるとすぐに検知できます。**

そして、すべてのログが残されるので、マネーロンダリングには使えないどころか、合法的なことでも、隠れてこそこそ使うということが通用しません。プライバシーというものはないに等しいと言ってもよいでしょう。専門的な観点では、国内においては資金決済法の改正によって、交換事業者制度の制定と本人確認が必須ということになりました。

仮想通貨は通貨なのか？

時代の寵児となったビットコインですが、そもそも仮想通貨は通貨なのかという問題があります。それではまず、〝通貨〟と呼ばれるものは、何をもって〝通貨〟というのかをあらためて考えてみましょう。

通貨が成立するためには3つの要素があります。まずは、〝財とサービスの交換手段であること〟、次に〝価値を測ることができること〟、最後は〝価値を保存する手段があること〟。この3つを備えていないと通貨とは言えないのですが、**ビットコインに圧倒的に足らないのは、価値を測る手段がないこと**です。

例えば、今日買った万年筆が1本1ビットコインだったとして、明日買うと2ビットコインになっているとしたら、誰もそれを価値の尺度として使いません。つまりビットコインは価格が安定していないのです。

それはビットコインが持つ宿命のようなもので、ビットコインは今もどんどん発行されていますが、4年に1回、半減期を迎え、発行量を減らしていく仕組みになっています。そして最終的には、2140年で発行がストップします。つまり、供給がどんどん減っていき、予定以上に増やすことができない仕組みになっているのです。

需要はどんどん増えていくのに、供給は抑えられているとなると、需要と供給のバランスが崩れて、価格はどんどん上がっていくことになります。通常の通貨は、価格が上がると、供給量を増やすことで価格を下げて、常に一定水準を保つようにオペレーションされますが、ビットコインの場合は、需要にあわせて供給を増やすことができないように、最初からプログラミングされているので、価格は上がり続けるしかないのです。

こういったものは投機の対象にはなっても、価値の尺度として使うことはできません。現在、ビットコインで決済ができる店舗も増えていますが、実際にビットコインで決済しようという人はほとんどいないでしょう。投機の目的で買った人が、価値の上がった分だけ決済に使おうと思うようなことがあるかもしれませんが、おそらくは円やドルに換えてしまうと思います。価格が上がり続ける現状では、使ってしまうと逆に損をするだけなので、基本的には使わずに持っておこうという動機のほうが強くなります。

はたしてそれを本当に通貨と言ってもよいのかは、疑問の残るところです。そのため、**ビットコインは通貨としての機能を持ってはいるが、価格が安定しないので通貨ではないというのが一般的な見解**になっています。


ビットコインに限らず、多くの仮想通貨はデフレ型に設計されています。価格でいうとインフレ型になりますが、現時点では価値がついていない仮想通貨でも、いったん価値がつき始めれば、同じ結果になると思われます。ずっと発行し続けるように設計された仮想通貨も存在しますが、こちらは逆に、どんどん発行され続けて、最終的に供給過多になったとき、価格が一気に暴落してしまうはずです。

プログラミングによって自動的に発行する仮想通貨は、ずっと増え続けるか、どんどん抑えていくかのいずれかにしかコントロールができません。本当にそういったものが通貨として使えるのでしょうか。

そういった仮想通貨が内包する問題を解決するために計画されているのが、みずほ銀行が中心の「Ｊコイン」であり、三菱東京ＵＦＪ銀行の「ＭＵＦＧコイン」です。

これらのコインは、日本円と連動するように価格が保証されているのが大きな特徴となっています。銀行では、従来、口座開設において本人確認を行っているので、本来業務の一環ともいえることだったのです。

仮想通貨は通貨ではないと結論付けましたが、もし価格にあわせて自動的に発行量を調整できるようなプログラミングができるのであれば、それが可能かどうかは別にして、話は大きく変わってきます。例えば日本銀行が行う金融政策のようなことがＡＩ（人工知能）でできるようになるのであれば、仮想通貨にも通貨としての未来があるかもしれません。

電子マネーと仮想通貨

「電子マネーとは電子のお金という意味だから、つまり仮想通貨じゃないか」と、このように、言葉の響きから混同し、誤解する人も少なくありません。ここではその違いについてあらためて解説していきます。

通貨は、価値の尺度として何とでも交換できるわけですから、一度使って終わりではなく、何度も何度も使われるという性質を持っています。これを〝転々流通性〟と呼びますが、この性質も通貨としての大切な要素になります。しかし、電子マネーには、この転々流通性がありません。

例えばセブンイレブンで電子マネーｎａｎａｃｏ（ナナコ）を使って決済した場合、セブンイレブンは発行主体に戻して現金に換えるしかありません。もしそれが通貨であるならば、仕入れやアルバイトの給料、税金など、さまざまな支払いに使うことができますが、決してそういうわけにはいきません。

通貨は、財やサービスと、繰り返し交換できるという性質を持っていますが、電子マネーにはそれがありません。つまり、**転々流通性がない電子マネーは、通貨とは異なるもので、あくまでも現金に代わるデジタルな決済手段のひとつにすぎない**のです。

一方、仮想通貨は、そもそも通貨建資産ではなく、仮想通貨自体に価値があるものと考えられています。**仮想通貨は仮想通貨自体に価値があるからお金と交換することができる**のです。

その一方で、電子マネーは通貨建資産であり、そのもの自体に価値はありません。単なる情報に過ぎず、その裏に現金が紐付いているからこそ、財やサービスと交換することができるのです。そこが大きな違いで、繰り返しになりますが、電子マネー自体には何の価値もなく、事前に現金をチャージすることで、モノやサービスを買う権利が情報として付与されているだけの存在なのです。

仮想通貨は通貨ではありませんが、通貨としての価値を持っています。一方の電子マネーは、交換手段として使用することはできますが、転々流通性がありません。また、企業が発行するものなので、使用できるところがある程度限定されてしまいます。そして、持っているだけでは特に価値があるモノでもないので、通貨とは言えないのです。

その点、仮想通貨をみんなが持ちたがるのは価値があるからで、みんなが一斉に価値がないと言い出さない限りは、ビットコインには価値があると信じられているため、日々価格が上がり続けているのです。その逆もしかりです。

このように、仮想通貨と電子マネーはまったく異なるものなのですが、言葉の上での誤解だけでなく、法的な整理が進んでいないのも事実です。例えば、「Jコイン」や「MUFGコイン」と呼ばれるものは、法的には電子マネーと同じ資金決済法の管轄になるため、仮想通貨と言われてはいますが、どちらかと言えば電子マネーに区分されます。

仮想通貨は、そのもの自体が価値を持ち、発行主体がいないことが大きな特徴であり、それはすなわち、発行主体がいるかいないか、価値が安定しているかどうかが、仮想通貨か仮想通貨ではないかの見極めになっているのです。

「Jコイン」や「MUFGコイン」は、発行主体があり、価値を安定させることを保証しているものなので、仕組みとしてはブロックチェーンを利用していますが、これは仮想通貨ではないという整理になります。現在のところ、**発行主体がいないコインのことを仮想通貨と呼ぶのが一般的な定義**となっています。

仮想通貨に対応するように、2017年に資金決済法が改正されたことが話題になりましたが、この改正は、マウントゴックスの事件やマネーロンダリングの問題を背景に、早い段階で整理をつけておかないと、悪用されたり、新たな問題が起こり得るために行われたものです。

日本が海外より進んでいるのは、マネーロンダリングの問題が起こった際、誰がその資金を持っているか、誰がそこに送ったかがわかるように、ビットコインを購入する際に本人確認をする仕組みを入れたところです。

海外ではビットコインを扱うのに本人確認は不要ですが、日本では本人確認なしで購入することはできません。**仮想通貨に対応した資金決済法の改正は、世界的にも先駆けとなるもので、キャッシュレス化の遅れる日本にしては、一定の評価を与えるべき改正と言える**でしょう。

仮想通貨の可能性

今後、それがビットコインであるかどうかは別にして、仮想通貨そのものが世の中から消えることはないでしょう。特に、国際間送金のような場合、仮想通貨は、これまで当局がガチガチに規制していたようなところをいとも簡単に越えていくことができる存在なので、そういった用途で使われるお金になり得るかもしれません。

現在は、法定通貨との換算で価値が測られていますが、仮想通貨だけの流通経済が構築される可能性も否定はできません。先に述べたとおり、構造上は非常に難しいのですが、仮想通貨で支払って、サービスを受けて、売った側も仮想通貨で売上を立てて、仮想通貨で仕入れる。そういった時代が来るかもしれません。


いわゆる法定通貨に国が保証を与えているように、仮想通貨であるビットコインには〝計算パワー〟が保証を与えています。スーパーコンピュータ以上の計算パワーが「ブロック」を作り、次の「ブロック」が構築されると、前の「ブロック」の情報がすべて入っているため、「ブロック」に書き込まれた情報を改ざんするためには、その前の「ブロック」も改ざんしないといけなくなるわけです。

これが10分ごとに積み上がっていく仕組みになっているので、10分以内に改ざんしないと間に合わないわけですが、現在、そんなことができるコンピュータは存在しません。つまり、改ざん不可能な、セキュアな存在として成立しているのです。

電子マネーの場合、発行主体に悪意を持った人がいると、その人がデータベースを書き換えることで、簡単に残高が変わってしまいます。しかし、ビットコインの場合は、それが絶対に起こりません。そこに信頼性が担保されることで、通貨としての機能を持つことができるのです。

法定通貨も絶対に安心なものではなく、例えば日本銀行が「保証するのをやめます」と言えば、それで終わってしまいます。電子マネーも同じです。しかし、ビットコインは、電気が切れない限り、インターネットが世界的に通信不可能な状態にならない限り、そういったことはあり得ません。

人々がそれに気づき、そういうものを信用するようになったのが現状で、特に情勢が不安定な国ほど、仮想通貨が一気に普及する可能性を秘めているのです。

ここ最近は、投機の対象として見られているため、うがった目で見られがちですが、本質的な価値である信頼性はしっかりと担保されているのです。

ビットコインが、今後どれくらい流通するかは誰にもわかりません。3年くらい前は、シリコンバレーのカフェで、ビットコインを使ってコーヒーを飲むことができました。現時点では、価値が一気に上がり、さらに乱高下しているため、ビットコインを決済の手段として利用する人はほぼいないと思います。

ビットコイン自体は難しくても、それ以外の安定した仮想通貨が誕生して、実際に決済用途で使用される可能性は否定できません。ただし、国に管理されている法定通貨とは違い、オペレーションをかけることができませんから、何か金融的な問題、金融でいえば「信用不安」が起こった場合は、対処が不能になる危険性も同時にはらんではいます。

おそらく、ビットコインが通貨として覇権を握ることはないと思いますが、**すべての流れを可視化できる仮想通貨は、流通量を常に管理できるため、国として**

考えると非常に優れた存在です。

仮想通貨のような存在を法定通貨として考える場合、ある程度の秘匿性とコントローラブルなものが求められます。1万円札1枚のコストはおよそ20円前後なので、1万枚刷るとそれだけで20万円前後のコストが掛かってしまいます。**電子的に発行したほうが、コスト面では圧倒的に有利**であることを考えると、法定通貨の未来にも大きな影響を与える存在であることは明らかなのです。

現在、仮想通貨の会計上の扱いは非常に微妙で、一般の会社がビットコインといってB／Sに書くことはあまりないのではないでしょうか。おそらく、今まで「預金」としてあった流動資産が、ビットコインに代わるのだと思いますが、はたしてビットコインは流動資産なのか固定資産なのかという意味では、今のところニュートラルな存在になっています。

仮想通貨は、ただ換金しているだけなので、リスクは為替リスクしかありません。しかし、クレジットカード事業者は立て替え払いが必要なので、こげつく可能性がある立て替え資産を持つことになります。

一方、電子マネーは前払金として負債を持ちます。つまり、先払いと後払いによって、会計上は真逆の状態になるわけです。なお、iDやQUICPayは前述のとおり、電子マネーとは呼ばれていますが、その実態はクレジットカードによる少額決済なので、クレジットカードと同じ処理が行われます。

デジタル通貨という概念

電子マネーや仮想通貨とは別に、国が発行する〝デジタル通貨〟という概念が登場しています。これは、現金をそのままデジタルに置き換えてしまうだけで、法定通貨として、国が一定の価値を保証するものです。これを実現するための技術としてブロックチェーンを使うかどうかは別にして、デジタル通貨は、世界的な大きな流れにもなっています。

例えばスウェーデンは来年、中国も再来年、ロシアも早期の導入を検討しているという話もあります。日本では今のところ、日本銀行が研究中のテーマとなっていますが、いずれその流れは必ず来ると思われます。前述のようにお金の電子化は、コスト面でも生産性の面でもメリットが大きく、黙って見ている手はありません。

実際にデジタル通貨を導入する場合、一気に置き換えてしまうというのはあまり現実的ではありません。スウェーデンの場合は、すでに高額紙幣を減らしていくなどの取り組みが進んでいたので、国民的にも抵抗感が少ないのではないかと言われています。

人口規模があまり大きくないところは、国民の習熟度やこれまでの経緯によって難易度が変わりますが、そういう意味では、エストニアなども導入が比較的やりやすい国と言えるでしょう。逆に、人口規模が大きいところは、中国のように国に強制力がないとなかなか難しいかもしれません。

仮想通貨とデジタル通貨

ここであらためて定義を確認すると、**「仮想通貨」はビットコイン的なものを意味し、「デジタル通貨」は国が保証を与えてデジタルな決済手段を提供していくようなものを意味します。**

メガバンクが発行する「Jコイン」や「MUFGコイン」は、どちらかというとデジタル通貨にカテゴライズされます。BIS（国際決済銀行）が出しているレポートには、明確に「デジタル通貨」「デジタルマネー」という呼称が使われており、「仮想通貨」とか「クリプトカレンシー」と呼ばれるものは、ビットコインのように発行主体がなく、それ自体が価値を持って流通するものに限られています。

なお、「仮想通貨」という名称は、例えば仮想空間「セカンドライフ（Second Life）」内で使用される「リンデンドル」のようなゲーム内通貨と混同され、誤解の元になっている場合があります。そのため、「クリプトカレンシー」の和訳である「暗号通貨」という呼び方も使われているのですが、こちらのほうが実態には近いかもしれません。

メガバンクから「Ｊコイン」や「ＭＵＦＧコイン」と呼ばれるデジタル通貨が発行され、それが当たり前のように現金の代わりとして使われるようになると、まず紙幣の流通がどんどん減っていくことが考えられます。

昨今の「高額紙幣は減らすべき」であるという国のニーズ（149ページ参照）には合致しますが、〝発行益〟の観点から考えると、国が黙って見逃すとは思えません。民間が発行するコインが流通し始めたとき、日本銀行の金融政策にどのような影響を与えるのかも予測がつかないところです。

国、ひいては日本銀行は、自分たちが発行したお金の量で景気や物価の安定を目指すわけですから、市場における現金の割合が減り、別のコインのシェアが増えていく状況においては、金融政策の影響が小さくなってしまうことも考えられます。そのあたりの関係性も今後注目すべきポイントになります。

過去の通貨の歴史をみると、最後には国が独占するのが常です。最初は民間が発行した通貨に代わるものは、これまでもいくつか存在しますが、最終的には国が独占する結果に終わっています。なので、今後もさまざまな団体から、さまざまなコインが発行されて、それが流通する時代が来るのはもはや否定できませんが、最終的には国が独占してしまうのではないかと思います。

経済学者のケインズは、世界に通貨は1種類でいいのではないか、世界統一通貨を作ればいいのではないか、といったことを提唱しました。それに対して、ケインズと論陣を張っていたハイエクは、国が独占すると絶対に悪用するので、通貨は複数流通させないといけないという論を展開しています。

通貨をどんどん発行してインフレ経済にすれば、相対的に国の借金は減っていくので、何か都合が悪くなると、お金をどんどん刷って、物価を上げようとしかねないというわけです。

つまり、通貨の世界も競争を導入しないと、独占の弊害が出るため、複数の通貨が流通する世界にして、良い通貨だけが生き残り、悪い通貨は駆逐されていくようにするべきであるとしています。

今回のビットコインを含めた動きは、ひょっとすると、ハイエクの世界が実現する時代が来たのではないかという経済学者もいます。先ほど、結局は国が独占すると言いましたが、ハイエクが理想とした世界が実現する可能性を秘めた時代になったことは間違いありません。

投資としての仮想通貨

本章の最後に、執筆時点では電子決済の仕組みとしてより投資の対象として注目の高まる仮想通貨について、そのリスクを補足しておきます。

投資、あるいは投機と一口に言ってもさまざまな対象が考えられますが、個人投資家が行うものとして広く認知されているものといえば、〝株式投資〟や〝ＦＸ（Foreign eXchange：外国為替証拠金取引）〟などが挙げられます。

株にせよ、外貨にせよ、その変動には理由があります。そのため株式投資を行う人は〝企業動向〟を、ＦＸをする人は〝国際情勢〟をチェックして、その変動を予想し、投資活動を行います。それに対して、新たな投機の対象として注目される仮想通貨は、発行主体がないがゆえに、その価値の変動を見極めるのが非常に困難であると言えるでしょう。

先にも述べたとおり、仮想通貨の価値は、市場取引によって決まります。買う人が増えれば価値は上がりますし、売る人が増えれば価値は下がります。例えば、2017年初頭には10万円に満たなかったビットコインが、年末には200万円の大台を超えたかと思うと、2018年2月には100万円を下回るといった大きな変動を見せています。

多くの仮想通貨は、プログラミング的に価値の下がらない仕組みになってはいますが、あくまでも市場取引によって価値が決まるため、その価値が適正なのかどうかは誰にもわかりません。

特に、2017年から2018年初頭における大きな変動を予想できた人はほとんどいないのではないでしょうか。投資をギャンブルと捉えるような人にとっては、非常に面白いチャートになっているかもしれませんが、これから仮想通貨への投資を考えている人は、株式投資やFXと同様に、メリットとデメリット、そして投資リスクをしっかりと認識したうえで投資するのが肝要だと思います。

取引所がはらむリスク

仮想通貨を購入する場合、多くの人が仮想通貨交換業者、いわゆる〝取引所〟を利用します。取引所は、仮想通貨と円やドルなどの法定通貨との交換を行うところで、仮想通貨の特性上、インターネットでの取引がメインとなります。仮想通貨を入手するためにはさまざまな方法がありますが、取引所を利用するのが一番手軽な手段になっています。

なお、取引所は、2017年4月に改正された資金決済法により金融庁・財務局への登録が必要となっており、認可を受けた取引所については金融庁のホームページで確認することができます。

そんな取引所のひとつであるコインチェックから、2018年1月、580億円相当の「NEM（ネム）」という仮想通貨が流出したことが大きく報じられました。仮想通貨というワードを（悪い意味で）世に広めた2014年のマウントゴックスの事件も相まって、仮想通貨に対するネガティブな印象や危機感がさらに強くなっているのではないでしょうか。

仮想通貨の安全性については、すでに多少触れており、第5章でもあらためて紹介しますが、コインチェックの事件にせよ、マウントゴックスの事件にせよ、いずれの場合も仮想通貨が対象になっているだけで、問題はあくまでも取引所のあり方にあるのです。

決して、仮想通貨の仕組みにハッカーが介入して、そのシステムから流出したのではなく、取引所のセキュリティが甘かったことが事件の本質になっています。つまり、狙われたのは仮想通貨ではなく、取引所のセキュリティだったのです。

とはいえ、これは仮想通貨に投資する際は非常に注意すべきポイントになります。つまり、どの仮想通貨に投資するのかを検討するだけでなく、どの取引所を利用するのかも大きな選択が必要になってくるのです。

仮想通貨の場合、企業や国に対する信用リスクはありませんが、株や外貨以上に、取引所に対する信用リスクが大きくなります。特に、インターネット上での取引がメインになる以上、取引所のセキュリティに問題があれば、今後も新たな流出事件が起こってもおかしくありません。

改正資金決済法によって、いち早く仮想通貨に対する法整備を進めている日本ですが、株式投資やFXと比べると、まだまだ足りていないのが現状です。今後は、利用者を守るためにも業界の既存の法律を含め、さらなる法整備が必要です。

第3章

地域通貨の可能性

古くて新しい地域通貨

現在、〝地域通貨〟と呼ばれる、自治体や任意団体が独自に発行する決済、等価交換の仕組みがあります。たとえば、1000円の買い物ができる地域振興券やスーパーが独自に発行する金券などです。

日本の歴史を振り返ってみると、等価交換の手段として、現在の〝円〟に統一されたのは明治時代からです。その前は、金、銀、銅が使われており、江戸時代には、紙に書かれた台帳が基盤となる等価交換の仕組みがありました。

地域独自で流通する等価交換の仕組みは、現代の情報通信技術によって、電子マネーや仮想通貨で代替できる可能性があり、新たなサービスとして脚光を浴びています。

藩札と地域通貨

江戸時代には、藩がお札を作っていました。もともと紙幣というものは、1万円札を持ってくれれば、100円玉100枚と交換できますよということを示す証書で、100円玉、つまり貨幣のほうが通貨だったのです。

つまり、1万円札1枚と100円玉100枚の価値は等価ですが、100円玉でないとモノを買ったり食べたりすることはできませんでした。

昔、伊勢に「山田羽書（やまだはがき）」と呼ばれるものがあり、伊勢参りをする際にこの山田羽書を持っていけば、伊勢でコインと交換することができました。これが日本における紙幣の始まりになっており、同じようなことが日本の各藩で行われたのです。地域通貨は、ある意味、この藩札と同じような考え方で活用される通貨なのです。

失敗続きだった地域通貨

かつての地域通貨は、オリジナルの紙幣を作って、地域振興券のような形で発行されていました。2000年前後にブームがあって、全国各地でたくさん作られたのですが、基本的には、現金価値としてのプレミアムをつけたものがほとんどでした。

例えば10000円分の地域通貨を買えば、それが11000円分使えるといった感じでプレミアムがつけられました。その財源は当然公費になるため、補助金があればまだよいのですが、財源のあてがなくなるとすぐに成立しなくなってしまうという問題があり、思ったように流通させることができませんでした。地域通貨のブームはこれまでにも何度かありましたが、基本的には長続きしたものはありません。

もちろん成功事例もあります。一番ポピュラーな成功事例は、東京の早稲田・

高田馬場付近で発行されている「アトム通貨」と呼ばれるもので、現在も続けられています。

　券面に「鉄腕アトム」が描かれたアトム通貨が成功した理由のひとつとしてよく言われているのが、いわゆるプレミアムの部分を貨幣価値として乗せるのではなく、地域のボランティア活動や清掃活動などの地域貢献・社会貢献をした際に、その報酬としてアトム通貨が支払われたところです。

　つまり、金銭的なプレミアムではなく、地域貢献・社会貢献の対価としてアトム通貨が配布されたのです。

　財源的な問題がそういった形でクリアできたのに加えて、鉄腕アトム自身がポピュラーな存在であったため、その通貨を入手すること自体にコレクションとしての価値が認められたことが、成功した理由として挙げられています。

プレミアム付き商品券による経済活性化

地域通貨の施策として活用されるプレミアム付き商品券ですが、大きいところで言うと、大阪市では、経済の活性化を目的として、年間100億円ぐらいの規模で発行されています。

10000円で12000円分の商品券が買える仕組みになっているのですが、100億円規模ということは、プレミアム分を考えると120億円くらいのものを発行していることになります。あくまでも商品券なので、電子マネーと同じく1回使えば終わりで、プレミアム分だけ経済が活性化されることになります。

そこで、1回しか使えないプレミアム付き商品券に、通貨としての機能を持たせることで、何回も使えるようにするとします。つまり、プレミアム付き商品券に転々流通性を持たせれば、1回の決済だと120億円で終わるところが、発行したすべての商品券が2回使われると240億円、3回使われると360億円の効果が、単純に見込めることになります。

基本的に、経済の大きさは、ある一定期間にお金が何回回ったかで決まります。つまり、お金の代わりにプレミアム商品券を発行するのであれば、1回発行したものを複数回流通させることで、流通した分だけ経済を大きくすることができるはずです。

しかし、今まではこれを実現することはできませんでした。なぜかというと、商品券なので、前払い式商品として資金決済法の管轄になってしまうからです。つまり、電子マネーと同じで1回使えばおしまいということになるのです。

ちなみに、流通する仕組みを持った商品券は、かつて北海道で実験されたことがあるのですが、規模が小さかったこともあり、うまく機能しませんでした。国のような大きな発行主体でないと、なかなか管理が難しいのです。

当然、悪いことに使用されてしまう場合もありますし、どこにどれだけの券が回っていて、それを最終的にどうやって回収するのかという仕組みもなかったので、効率よく流通させるのが非常に困難だったのです。

地域通貨の目的

地域通貨が発行されるのは、基本的に地域活性化が最大の目的となっています。しかし、それはある意味一世代前の話で、最近登場している、電子マネーであったり、ポイントであったり、また仮想通貨のような仕組みを使った地域通貨は、地域振興のために、地域の中の人に使ってもらうだけでなく、日本人外国人を問わず、旅行者にも使ってもらう観光振興のツールとしての活用も考慮されています。

観光振興の施策として、なぜそういった地域通貨や電子マネーのようなものが増えてきているのでしょうか。それはやはり世界的なキャッシュレス化の流れの一環で、ターゲットが同じ日本人旅行者の場合は普通に現金が使えるためあまり問題にならないのですが、外国人旅行者、いわゆるインバウンドの場合は事情が異なるからです。

訪日旅行者に対して、観光庁が毎年アンケート調査をしているのですが、**不満の上位はだいたいキャッシュレスの話になっていて、クレジットカードが使えないという不満が最上位に出てきます。**特に欧米はクレジットカード社会のため、基本的には現金を持ち歩く習慣があまりありません。

日本人の場合、財布の中に2〜3万円くらいの現金が入っているのは当たり前のことだったりしますが、欧米では、そんな大金を財布に入れて持ち歩く人はほとんどいません。

もちろん多少の小銭は持っていますが、基本的には、高額ならキャッシュカード、少額ならデビットカードで決済します。欧米の場合、小さなレストランや個人商店でもカード決済が可能なことがほとんどなので、わざわざ現金を持ち歩かなくても生活が成り立つのです。

しかし、日本の場合、大手チェーンや大型店舗であればクレジットカードにも対応していますが、例えば個人経営の居酒屋やレストランだと、クレジットカードが使えないことが多くあります。特に地方都市になると、クレジットカードが使えるところのほうがむしろ少ないという現状なので、外国人からすると、どうしても不満の種になってしまうのです。

その不満については、国としても、地方の自治体としても、課題として把握はしているので、キャッシュレス化を推進するためにさまざまな施策を実行しています。

特に、キャッシュレス化の一丁目一番地として進められているのがクレジットカード対応です。やはりＶＩＳＡやＭａｓｔｅｒといった国際ブランドに対応することが、欧米の旅行者にとっては一番わかりやすいキャッシュレス化になるからです。

しかし、このクレジットカード対応がなかなか進みません。進まない理由はさまざまですが、**店舗側の負担が大きいことが、導入に踏み切れない最大の理由だと言われています**。

特にクレジットカードの場合、決済手数料は店舗側が負担します。利用者に負担させることは、加盟店とクレジットカード会社との規約上、できないことになっているからです。

中には、クレジットカード払いの場合、通常よりも高く請求する店舗もあるにはありますが、基本的には禁止事項になっています。つまり、もし決済手数料が5％だとすると、クレジットカードで支払われることで、単純に売上が5％減になるわけです。

キャッシュフローも問題になります。クレジットカードで支払われたお金が店舗に入ってくるまでには、どうしてもタイムラグが生じます。クレジットカード会社から月末に入金されるとしても、月の中ごろにあった売上は2週間程度の売掛になってしまいます。大きな事業所であれば問題ありませんが、小さな個人商店だと、2週間の売掛が次の仕入れに影響することもあり、なかなか店舗側としては導入に踏み切ることができなかったのです。

また、決済端末の問題もあります。どうしても数万円から十数万円のコストが掛かってしまうのですが、クレジットカードに対応したからといって、それだけ売上が増えるというものではありません。

もちろん、決済端末のために補助金を出すなどの施策も行われていますが、端末の問題だけがクリアされても、その後のランニングコストや月々の手数料、キャッシュフローの問題は依然として解消されないため、地方都市でのクレジットカード対応はなかなか進まなかったのです。

とはいえ、何かしらのキャッシュレス化は絶対に必要ですから、その対策として検討され始めているのが新しい地域通貨の導入です。

ここでは、現在行われている地域通貨の施策の中から、長崎県の離島部で使用できる電子地域通貨「しまとく通貨」、沖縄の国際通りで使える「スマイルタグ」、飛騨高山の「さるぼぼコイン」、そして地域通貨ではなくポイントなのですが、気仙沼の「クルーカード」といった4つの取り組みについて紹介していきましょう。

長崎県・離島「しまとく通貨」

「しまとく通貨」は、長崎県の離島で使用できる電子地域通貨で、決済方法としてはスマートフォンを使用しますが、ガラケーでも利用可能です。基本的にはQRコードを読み取って決済する、中国のモバイル決済サービスであるアリペイ（128ページ参照）と似たタイプになっています。

「しまとく通貨」は現金のプレミアムがついていて、20%お得に買い物ができる

しまとく通貨

通貨の種類	地域通貨
開始時期	2016 年 10 月〜
地域	壱岐市、五島市、小値賀町、新上五島町、佐世保市宇久町
運営者・実施主体	しま共通地域通貨発行委員会・長崎県内関係離島市町（壱岐市、五島市、小値賀町、新上五島町、佐世保市宇久町）
主な対象者	観光客
加盟店数	約 550 店舗
デバイスの種類	利用者：スマートフォン、ガラケー 店舗側：電子スタンプ
備考	・6,000 円分の通貨を 5,000 円で販売 ・2013 年より発行してきた「プレミアム付き商品券」（紙券）を電子化

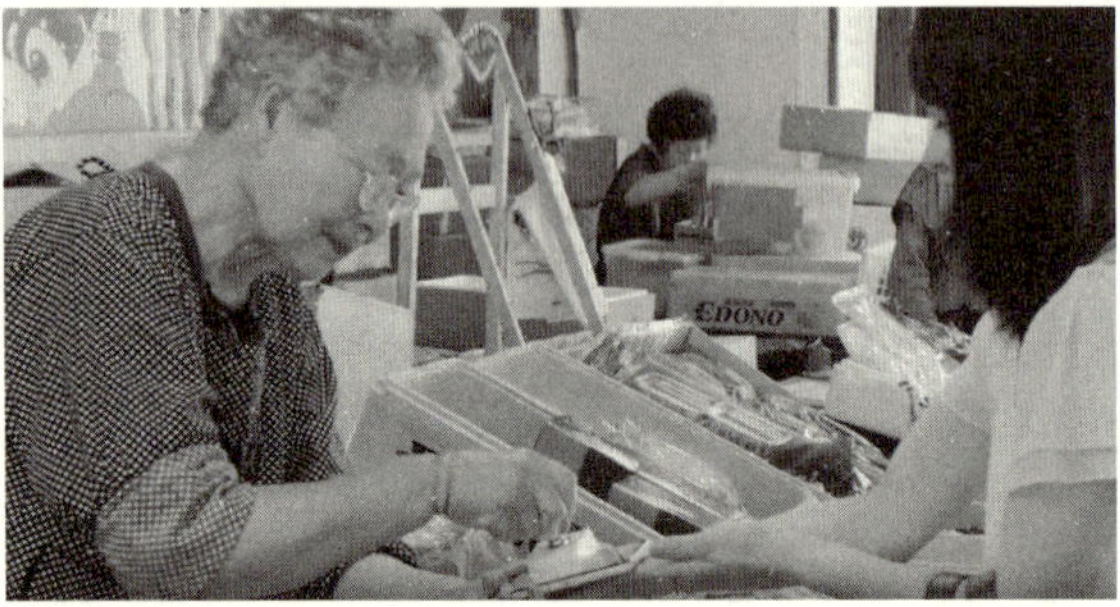

のが特徴です。クレジットカードでの購入や追加チャージも可能です。加盟店は約550店舗です。

2013年に始まったプレミアム商品券を電子化したものですが、紙の地域振興券を電子化することによって、紙・印刷代をはじめ大幅なコストカットが期待できるほか、偽造の問題もなくなるので、電子化には大きなメリットがあります。なお、発行額は観光客が減る時期には絞り込みを行うなどの工夫も行われています。今後の発展が期待される「しまとく通貨」ですが、プレミアムが現金のため、財源の問題ですでに撤退している自治体もあります。

沖縄県・国際通り「スマイルタグ」

沖縄県那覇市の国際通りで導入されている「スマイルタグ」は、リストバンド型で、ICタグが埋め込まれています。事前に登録することで、リストバンドを店舗でかざすだけで支払いができる利便性がウリとなっています。

「スマイルタグ」は電子マネーとしてチャージができ、ポイントが加算され、入場チケットや特典クーポンなどを組み込んでいます。店舗側で使うのはスマートフォンとレシートプリンターだけです。

「スマイルタグ」は、①観光客の利便性　②店舗の受入体制強化　③エンターテイメントの創出、の「3つのテーマ」の元に、地域の生活者ではなく、沖縄の経済構造の中心にある観光産業の充実をテーマに開発を進めているそうです。そして、地方創生「地域主導型観光」の開発を推進しています。

媒体としてリストバンド型を採用しているのが面白いところです。沖縄なので、夏は水着を着たままという人も多く、スマートフォンよりも防水性の高いものが選ばれているのですが、買い物の際に手が自由になる点も歓迎されています。加盟店数は100店舗と少なめですが、これは国際通りに限定されているためで、仕方のないところといえるでしょう。

スマイルタグ

通貨の種類	地域通貨
開始時期	2014年～
地域	沖縄県那覇市 国際通り商店街
運営者・実施主体	スマイルタグ運営事務局・ 沖縄ツーリスト
主な対象者	観光客
加盟店数	約100店舗
デバイスの種類	利用者：リストバンド （ウェアラブルデバイス） 店舗側：タブレット
備考	・スマイルタグ「3つのテーマ」 ①観光客の利便性 ②店舗の受入体制強化 ③エンターテイメントの創出 ・加盟店で使える600円分の電子マネーがあらかじめチャージ

岐阜県・飛騨高山エリア「さるぼぼコイン」

「さるぼぼコイン」は、岐阜県の飛騨高山エリアで使用できる地域限定の電子通貨です。二次元コードを読み取るタイプで、飛騨信用組合が発行者となっており、実証実験は、飛騨信用組合の職員が被験者となって3カ月間行われました。現在は、飛騨高山に来る旅行者も使用できるようになっています。

クレジットカードの対応が進まない店舗側の制約として、手数料の問題が挙げられますが、「さるぼぼコイン」の加盟店手数料は1％台に抑えられているので、加盟店側も少ない手数料でキャッシュレス化を実現できるのが大きな特徴となっています。正式リリースしたばかりで、まだアプリが日本語にしか対応していないのですが、早期に外国語対応を行うことで、今後は外国人でも利用できるような展開が予定されています。

さるぼぼコイン

通貨の種類	地域通貨
開始時期	2017 年 12 月〜
地域	岐阜県 飛騨高山地域
運営者・実施主体	飛騨信用組合 システム提供者：（株）アイリッジ
主な対象者	地域住民・観光客
加盟店数	約 300 店舗
デバイスの種類	利用者：スマートフォン 店舗側：スマホ、タブレット、ＰＣ等
備考	・2017 年 5 月から 3 カ月間、飛騨信用組合の職員による実証実験を行う ・訪日外国人観光客向けにアプリの多言語化対応（2019 年 3 月予定）

宮城県・気仙沼市「クルーカード」

宮城県の気仙沼市で展開されている「クルーカード」は、電子マネーではなくポイントカードで、買い物をすると100円につき1円相当のポイントが貯まる仕組みになっています。このカードの主要な目的の1つが地域内の経済循環ですが、市内外の人が持てる新しい「市民証」としての役割を担うため、スマートフォンアプリではなく、あえて〝ポイントカード〟という形態を採用しています。つまり、復興支援員や観光客、買い物客なども気仙沼市を支える一人である、ということを見える形にしているわけです。

「クルーカード」で特徴的なのは、有効期限が過ぎて失効したポイント分の金額が、気仙沼の復興支援活動に寄付されるというところです。ポイントなので、一定期間を経つと失効します。

「クルーカード」の場合、翌年末にポイント失効となるのですが、通常は運営会

気仙沼クルーカード

通貨の種類	ポイントカード
開始時期	2017 年 4 月〜
地域	宮城県気仙沼市
運営者・実施主体	宮城県気仙沼市の官民組織 「気仙沼観光推進機構」
主な対象者	地元住民・復興支援者・観光客ほか
加盟店数	約 50 店舗
デバイスの種類	利用者：磁気カード 店舗側：磁気カードリーダー
備考	・共通ポイントカード・サイモンズに加盟する全国 1,500 店でネットショッピングが可能 ・失効ポイントは復興支援活動に寄付される

社に入るポイント失効益の一部を気仙沼の地域に還元し、復興支援活動にあてるのは、地域通貨（正確にはポイントですが）ならではの取り組みと言えるかもしれません。

地域通貨を紙幣として発行していた時代は、コストやセキュリティに課題があったのですが、**電子化することが技術的に可能になったことによって、それらの課題が解消され、導入に踏み切る自治体が増えているのも注目すべきポイント**です。

とはいえ、導入する際にはカードリーダーなどの機器がどうしても必要になるため、クレジットカードと同様、加盟店がなかなか増えないという問題は依然として残っています。

日本版ＤＭＯが地域通貨のカギを握る

観光振興の取り組みにおいて、新しい地域通貨の取り組みが急速に進んでいる理由のひとつに、日本版ＤＭＯ（Destination manageiment organization）と呼ばれる組織が、さまざまな地域で作られていることが挙げられます。

地域の観光振興という点では、ホテルや飲食店、交通事業者、旅行代理店など、さまざまなプレイヤーが関わってきますが、地域としてそれらを一体的にマネジメントしていく組織として、観光庁は日本版ＤＭＯを各地域で作る政策を進めているのです。

関係するプレイヤーがバラバラに動くと、観光振興が効率的に進みません。そこで、しっかりとした舵取りができる組織として、日本版ＤＭＯが全国各地に作られています。

しかし、これはまったく新しい組織として作られているというわけでは必ずしもなく、例えば各地域にあった観光協会のような組織が体制を作り直して、新たに日本版ＤＭＯとして運営されているケースもあります。

もちろん、やる気のある事業者が音頭を取って、地域としてまったく新しい法人を作り、日本版ＤＭＯとして登録している場合もあり、体制は地域によってケースバイケースになっています。

なお、日本版ＤＭＯには複数の都道府県にまたがるような大きな範囲をマネジメントする広域連携ＤＭＯ、複数の市町村にまたがるような連携をする地域連携ＤＭＯ、個々の市町村単位で組織される地域ＤＭＯといった３つのタイプがあります。

観光振興に関する事業、例えばキャッシュレス化などの受け入れ環境の整備やプロモーション事業を公費で行うのはサステナブルではないので、ＤＭＯにはある程度の収益事業が求められており、観光庁は２０２０年までに、ＤＭＯとしてきちんと自立できる法人を100件作ることを目標としています。

旅行商品の造成や広告事業などさまざまな収益事業の中で、仮想通貨のような地域共通のプラットフォームをDMOが作り、その中で収益をあげていくという流れがあり、例えば、先ほど紹介した気仙沼の「クルーカード」はそのひとつの事例になります。

気仙沼観光推進機構が気仙沼のDMOなのですが、DMOとしてサステナブルに組織を運営していくための事業のひとつとして「クルーカード」という地域共通のプラットフォームを作り、その失効益を収益にして、それを事業を回す予算にあてつつも、余剰が出ればほかの事業に回していくというビジネスモデルを計画しています。

このように、**地域共通のプラットフォームをDMOが運営して、その中で収益をあげていくという取り組みが、現在各地で始まっています。**そして、その先駆けとして、全国のDMO関係者がヒアリングのために気仙沼を訪れています。

「クルーカード」はまだ発行され始めたばかりですし、ポイント失効益が出るのもしばらく先の話なので、本当にサステナブルに回るかどうかはこれからの展開次第ではありますが、全国のＤＭＯからは大きな注目を集める取り組みになっています。

観光客だけでなく地元住民も巻き込む取り組み

気仙沼で「クルーカード」が作られた背景を振り返ってみると、地元の商店会や青年会などにもっと地域を盛り上げないといけないという意識がもともと強く、その中から「クルーカード」が提案されたわけですが、それでも加盟店の獲得にはかなり苦労しているようです。

「復興」がキーワードとなっているように、現在の運用コストは復興予算から出ているので、今後、失効益できちんと回るのかが大きな課題です。失効益を増やすためには利用者を増やさなければなりませんが、利用者を増やすためには加盟店も増やさなければなりません。

沖縄の「スマイルタグ」の利用者はほぼ観光客ですが、気仙沼の「クルーカード」は気仙沼の住民が対象になっています。そもそも「クルーカード」は地域自体が地域のモノ・サービスに誇りを持って利用していこうという取り組みで、まずは気仙沼の住民が利用していくことを促し、さらには地域のモノ・サービスをブランド化して住民以外の観光客などにも利用してもらうことで地域の消費額を向上させていく取り組みです。

地域と経済的につながっている顧客数を増やしていくことで、気仙沼とのつながりに応じた地域消費額向上のためにつくられたカードです。

そのため、気仙沼の「クルーカード」は、気仙沼の住民を対象として、地域のインフラとして育てていくことが目標になっています。実際にうまくいくかどうかはわかりませんが、ビジネスモデルとしては非常に興味深いものになっています。

なお、中国人観光客を呼ぶのであれば、わざわざ地域通貨を作るよりも、アリペイを導入するのが手っ取り早い手段ではあります。その意味でも、コスト面や利便性、収益性を考えて、地域で新しく作るのか、既存のものを導入するのかを天秤にかける必要があります。

また、地域通貨は地域の中で消費してもらうものであり、地域のシンボル的な意味合いもあります。アリペイやＶＩＳＡに対応しても、地域色は何もありません。地域の施策として考えれば、どうしても地域通貨に流れるのも仕方のないところです。

全国で共通に使えるプラットフォームを開発して、どこでも使えるようにしたほうが便利なのではないかという話もありますが、それも地域通貨が目指す方向性とはまったく違っているのです。

地域通貨を発行するメリット

地域通貨を発行するメリットを考えてみましょう。ある旅行者が長崎に行って、「しまとく通貨」を5000円分買った場合、もし旅行の最終日に1000円分残っていたら、おそらく何か土産品でも買って、最後の1000円分を使い切るのではないでしょうか。何度も長崎を訪れるような人なら別ですが、多くの旅行者にとっては再び使う機会の少ない1000円ですから、そのまま持って帰っても仕方がないので、大抵は使い切ってしまいます。

この地域でしか使えない通貨だからこそ、最後の売上が出たと考えると、地域振興という観点では非常に大きなメリットと言えるかもしれません。

地域通貨だけの問題ではありませんが、利用者と加盟店と運営サイド、この3者のメリットがそれぞれ成立しないと、プロジェクトは必ず破綻してしまいます。つまり、この3者のメリットをいかに成立させるかが、成功するための鍵になってくるのです。

実施主体がDMOであるとはいえ、やはり公的な部分があるので、地域通貨事業単体の収益が黒字になる必要は必ずしもないのですが、その取り組みによって、旅行者が地域にお金を落としてくれることが目に見える形で出てこないと、なかなか継続することが難しくなってきます。そして、「しまとく通貨」のように、一部の自治体は可能性を信じて続けていますが、いくつかの自治体は効果を感じられず、すでに撤退していたりもするのです。

依然として日本は現金至上主義のため、日本人旅行者を対象とした地域通貨はかなり厳しいものがあります。その点、インバウンドに対してはメリットが見えやすいのですが、外国人旅行者に受け入れられている沖縄の「スマイルタグ」は特殊な例です。長崎にしても飛騨高山にしても気仙沼にしても、旅行者はまだまだ日本人のほうが圧倒的に多いため、旅行者向けといっても、まずは日本人が使ってくれないと、その先のインバウンドには繋がっていきません。

その意味では、もう少し日本全体で、現金至上主義の色が薄まってくれれば、その恩恵がこれらの地域通貨にも波及していく可能性も低くはないでしょう。

利用者のメリットを考えると、一番わかりやすいインセンティブは現金プレミアムですが、その場合、回収することを考慮すると非常にハードルが上がってしまいます。安易に手を出してしまうと、おそらく前回のブームと同じように、予算がなくなって終了するという結果を迎えるのは火を見るよりも明らかです。もちろん現金プレミアムは有効な手段なので、捨てる必要はありませんが、それ以上のメリットをどれだけ打ち出せるかが、今後の課題になっていきます。

また、セキュリティの問題も重要です。日本人は現金を持ち歩くことに対してはあまり危険性を感じないのですが、なぜか、クレジットカードなど現金以外の決済に対しては、過剰なまでの不安感を持っています。

クレジットカードを使うと、スキミングされるのではないか、個人情報が流出してしまうのではないか、そういったことが不安の温床になっているので、いかにセキュアな環境を構築するかもあわせて検討していかなければならない課題になります。

地域通貨の可能性として、仮想通貨の検討もひとつのアイデアになります。例えば、観光サービスの現場ですばらしいサービスを受けた場合、海外ではチップを支払ったりするわけですが、日本にはチップの文化がありません。

そこに仮想通貨を導入して、満足のいくサービスを受けた場合は、SNSにおける〝いいね〟を押すような感覚で、仮想通貨をチップのように簡単に支払える仕組みを作れば、コミュニケーションツールのひとつとして活用できるかもしれません。お金としての価値だけではなく、それ以外の機能や役割を持たせられる可能性があるのが仮想通貨の面白いところであり、それを地域通貨に活用しない手はないと思います。

地域通貨の可能性

地域通貨については、世界的にも同じような流れになっていて、**東南アジアでは、中央銀行が地域通貨を発行するといった動きも出始めています。**

東南アジアの国々は、日本以上にスマートフォンの普及率が高く、現在の通貨よりも、スマートフォン上のアプリでやり取りができる地域通貨を発行して、売り買いできるようにしたほうが、お金としての流通スピードが上がるのではないかと考えられています。東南アジアの国々は、モバイルバンキングなどもかなり発達しています。

すでにバックグラウンドはできあがっているので、ASEAN6億人の規模で実現した際には、世界的にも大きなトピックになることは間違いないでしょう。

経済を発展させるためには、やはり流通のスピードを上げる必要があります。

お金が動かないと景気は向上しません。日本の不景気もそのあたりに大きな原因があるのは、言うまでもないでしょう。

お金の流通速度を上げる手段として、「期限付き通貨」という考え方があります。例えば1万円札があった場合、「1週間以内に使わないと価値が9000円になります」といった感じで、お金の価値に期限をつけるのです。お金の価値が下がるのは非常に厳しいですが、逆に言えば、今週中に使えば、来週使うよりも10％のプレミアムがつくということです。

そうなれば、みんな早く使おうとするので、お金が速く大量に回ることになり、経済的に発展していくというものです。これは、実際にドイツのある州において、第一次大戦後から行われていて、いまだに継続されている方法なのです。

お金を貯め込むことで、景気が上がらず、収入が減ってしまう。こういった負のスパイラルに陥らないために、お金の流通スピードを上げる施策が必要になるわけです。

しかし、人はいつ病気になったり、倒れたりするかわかりませんし、老後の介護などもやはり気になってしまうため、お金を貯め込むことをやめるのは基本的に不可能です。

そこで、地域のボランティアなど、地域貢献・社会貢献をした人に対して、その報酬として、「期限付き通貨」のようなものを地域通貨として発行するのも有効な手段だと考えられます。もちろん、病気や老後のための社会保障に自治体がしっかりと取り組むことが最重要ではありますが、**地域の発展のために地域通貨を活用することも検討していく必要がある**と思われます。

これまで地域通貨がうまく活用できなかった理由として、コスト的な問題が挙げられます。ある団体が地域通貨を発行した場合、円と交換できるような換金性のある地域通貨を発行すると、どうしてもそれで悪さをしようとする人が出てきます。円を偽造するのは非常に困難ですが、地域通貨の場合はそのハードルが大きく下がります。

もちろん換金性がなければあまり問題にはなりませんが、換金性のない地域通貨は歓迎されず、なかなか流行らないのが実情です。しかし、換金性を考慮すると、コストが跳ね上がってしまいます。

例えば、100億円規模の地域通貨を発行すると、印刷コストはもちろん、印刷所からの運搬コストもバカになりません。換金性がある場合、警備コストも必要になります。

一説によると、100億円規模のプレミアム付き商品券を発行すると、その10~20%ほどの運用コストが掛かると言われています。国の事業として、経済活性化のための補助金が出ればなんとかなるかもしれませんが、それを継続していくのはかなり難しいと思います。しかし、そういった問題は、電子化することによってほとんどが解決できるのです。

電子化してしまえば、印刷コストは掛からないし、運搬コストも不要です。偽造に対するセキュリティのコストも劇的に抑えることができます。そして、発行者は、どこにどれだけのお金があるか、すべてを瞬時に確認することができます。店舗側にすると、電子マネーと同じように、カードリーダーなどの初期導入コストが掛かってしまいますが、アリペイのようなQRコードを利用するなどの工夫で、そのあたりの問題もクリアできるはずです。

ただし、どうしても利用者がスマートフォンを持っている必要があるのですが、今の日本の普及率では、まだ少し厳しいというのが正直なところです。かなり普及は進んでいますが、まだ全体の8割程度しかありません。電子マネーやデビットカードも含めると、欧米クラスに普及しているというデータもありますが、もはや専用のカードで決済するのではなく、スマートフォンで決済しようという時代なので、日本はまだまだ遅れていると言わざるを得ません。

その点に関しては、中国や東南アジアのほうが、日本よりもスマートフォンの普及率が高いだけに、実現できるレベルに一足飛びで到達する可能性を秘めているのです。実際のところ、専用のカードであれ、スマートフォンであれ、手段はあまり問題ではありません。

ただ「スマートフォンのほうが便利だ」という一言に尽きます。買い物をする際、カードは財布の中に入っているので、現金を取り出すのとあまり手間は変わりませんが、スマートフォンはすでに手に持っている人が意外と多かったりします。手に持っているスマートフォンでそのまま決済できるのであれば、これほど便利なことはありません。

地域通貨は、ある程度の人口規模があって、その中で経済が成り立つようなところでないと、あまり意味がないという議論もあります。経済的な独立性、自立性のある地域であれば、地域通貨による経済活性化も効果が期待できるのですが、過疎地で外部からの資金の移動にほとんど頼っているような自治体だと、地域通貨を導入しても、その中で経済を回すことができません。

とはいえ、そういった地域に地域通貨を導入することがまったく無意味というわけではありません。経済の活性化には結びつきにくいのですが、例えば**お金で買えないようなものを地域通貨で賄うことで、地域の人たちの結びつきを強化することができる**かもしれません。地域貢献や社会貢献といった互助的なものに使うことで、地域を活性化させる手段としての地域通貨であれば、導入する意味があるのではないでしょうか。

地域通貨を発行して、それで地域の経済が活性化し、最終的に税収にも繋がるようになれば、行政サービスが向上し、以前は1時間に1本走っていたのに半日に1本になってしまったバスが、再び1時間に1本走るようになるかもしれません。そういったところにも最終的には跳ね返ってくるのです。

もちろん自治体の努力だけで地域通貨を成功させることはできません。地元の大きな企業や、商店街、商工会議所、そういった人たちがたくさん参加して、同じような目的意識を持って取り組まないと、大きな仕掛けにはなりません。

利便性やインセンティブなど、地域通貨を成功させるためにはさまざまな要素がありますが、地域全体の住民や自治体が高い意識で取り組むことがもっとも重要なことだと思います。

第4章

決済サービスの未来

少額決済は現金がいまだに主流

3年ほど前、三菱総合研究所で電子マネーやクレジットカードの利用状況について、一般消費者向けのアンケートを行いました。

サンプル数は1万件という大規模な調査ですが、その結果、コンビニエンスストアでの決済手段で一番多かったのが現金でした。クレジットカードでの決済も可能ですが、

「財布から出すのが面倒くさい」

「現金よりも店員さんに負荷が掛かって申し訳ない」

といった理由もあって、コンビニエンスストアでの少額決済にクレジットカードが使われることはほとんどありませんでした。

Ｓｕｉｃａをはじめとする交通系の電子マネーが普及したのをきっかけに、電車に乗る以外のシーンでも電子マネーによる決済が増えてきました。

電子マネーの場合、リーダーにかざすだけで決済が完了するので、実際にカードの受け渡しが必要なクレジットカードよりも物理的な手間が少なく、もともと交通系のＩＣカードがベースになっていることもあって、少額の決済に対する心理的な障壁も下がっていることが、利用者の増加に寄与しているのではないかと思われます。

そして最近では、中国の「アリペイ」や「ウィチャットペイ（WeChat Pay）」などが、インバウンド対応という流れの中、ローソンなどで使用できるようになってきています。

アンケートの結果によると、やはり少額決済が基本となるコンビニエンスストアやレンタルビデオショップでは依然として現金がメインの決済手段で、当時で7割くらいを占めていました。

その一方で、百貨店などは、決済が高額ということもあって、クレジットカードの利用率が高くなっていました。それを裏付けるように、概ね１０００円以上の決済では、クレジットカードの利用率が高くなる傾向にありました。

決済手段の選択基準

決済手段を選択する際に一番気にする点について聞いたところ、当たり前と言えば当たり前ですが、クレジットカードや電子マネーを使う理由の一番は「ポイント」でした。もちろん、高額だからという理由もありましたが、やはりポイントが断トツという結果になりました。

最近では、クレジットカードや電子マネーを複数枚持っている人も珍しくありませんが、どのカードを使うかを選ぶ際も、やはり「ポイント」を重視する人が多く、決済手段と「ポイント」は切っても切れない関係になっていました。

結局、支払い手段というのは何でもよいわけです。現金で支払おうが、クレジットカードで支払おうが、電子マネーで支払おうが、支払う金額は基本的に一緒です。これらはあくまでも決済手段でしかないわけですから、消費者としては、現金以外の決済手段を選択する際、少しでもオトクなほうを選ぶのは至極当然の話といえます。

もちろん、そこにはある程度の利便性というものが前提になっていて、もしクレジットカードで決済するには10分程度の時間が必要になるというのであれば、話は全然違ってきます。日本は加盟店側のインフラも整っているため、そこまで手間や時間が掛かることはあり得ないのですが、それでもやはり、コンビニエンスストアでクレジットカードを使う場合、

財布から出す↓店員に渡す↓機器に挿し込む↓サーバーと通信する↓パスワードを入力する↓決済の完了を確認する↓カードを返してもらう

といった一連のプロセスが必要になります。その意味では、財布から出してかざ

すだけで決済が完了する電子マネーがコンビニエンスストアなどで有利になるのは、当然の話と言えるでしょう。

先ほど、決済手段の選択において「ポイント」が大きなウェイトを占めているという話をしましたが、実際問題、クレジットカードにせよ、電子マネーにせよ、ポイントはせいぜい0・5%がベースです。

多少の違いはあるものの、コンビニエンスストアなどでの少額決済を考えると、たとえクレジットカードが1%で、電子マネーが0・5%だとしても、それほど大きな差にはなりませんから、利便性のほうがより選択の理由になってくると思われます。

中国のモバイル決済サービス

一方、お隣の中国では、アリペイやウィチャットペイといったモバイル決済サービスが急激に伸びています。その背景として、日本ほどクレジットカードや電子マネーを利用できる環境が整っていなかったために、逆に新しい環境が作りやすかったという点も注目すべきポイントになります。

日本において、フィンテック（金融テクノロジー）と呼ばれるところは、それなりに整備されている既存のインフラと戦わなければなりません。特に決済関係では、すでに決済ネットワークとして加盟店網が構築されているところに参入するためには、より大きなメリットを示す必要があるのです。

また、機械としてのインフラだけではなく、信用に関する考え方も理由のひとつになっています。もともと日本は、クレジットカードがそれなりに普及していて、クレジットカードを作れない人のほうが少ないという状況です。

しかし、中国では、クレジットヒストリー、いわゆる信用情報の蓄積がないため、クレジットカードを持っていない人のほうが多かったのです。

そんな状況下で登場したアリペイやウィチャットペイは、デビットカードをベースにした決済手段で、クレジットヒストリーは関係なく、その場で決済が完了するためリスクもほとんどありません。つまり、誰もが使える決済手段として、非常に歓迎される存在だったのです。

中国では、フィンテックの取り組みに対して、国を挙げて応援するスタンスを取っています。アリペイももちろんその支援を強く受けていますが、利用者側の「国が支援している手段だから信用できる」といった心理的な側面も、一気に普及した要因のひとつになっているのかもしれません。

中国の場合、フィンテックＡＩに関しては、これから10年で、アメリカを超えるぐらいの成長を遂げるのではないかと考えられています。特にフィンテックはスケールする必要があるため、13億人という巨大な人口を抱える中国は、市場としても非常に魅力的な存在なのです。

モバイルペイメントの現状

中国の電子決済事情を紹介したところで、あらためて「モバイルペイメント」という決済手段について紹介しておきましょう。

モバイルペイメントは、モバイルSuicaや楽天Edyなど、スマートフォンを使った決済手段のことで、現在急速に拡大しています。ApplePay（アップルペイ）やAndroidPay（アンドロイドペイ）の対応も相まって、世界規模でいうと、2020年には85兆円に達するという調査報告も行われています。

モバイルペイメントには、〝プリペイド〟と〝ポストペイド〟という2つの仕組みがあります。その中でも、プリペイドが盛んになってきている要因として挙げられるのが「退蔵金」で、プリペイド方式を採用するメリットのひとつになっています。

プリペイド方式の場合、チャージした金額をすべて使い切っていない場合が多々あります。10円、20円程度の残高を残しているプリペイドカードを所持している人もたくさんいるのではないでしょうか。その残金が退蔵金と呼ばれるもので、その額は意外と多く、楽天ｅｄｙの２０１６年の業績をみると、売上に対しておよそ1割が退蔵金になっています。

もちろんすぐに使えるお金ではありませんが、楽天ｅｄｙの場合は４年間の期限を迎えると、そのまま収益へと変わることになります。**プリペイドの場合は、意外とこの退蔵金が多く、事業者にとっての旨みになっています。**

有料課金ビジネスでは、1割の顧客が残りの９割を支えているようなところがありますが、例えば月額制によるアプリ課金のビジネスモデルの場合、1割程度の人が、すでにサービスは利用していないのに解約せずにそのまま死蔵会員として残っていて、そのサービスやコンテンツを陰ながら支えているというケースもあります。

ＮＴＴドコモのｉモードのサービスがなかなか終了できない原因もそこにあって、解約するのを忘れている、そもそも解約の仕方がわからない、などの理由で、微額ながらも課金をし続けている人が少なくないのです。

モバイルペイメントのユーザーメリット

モバイルペイメントのユーザーメリットは、手軽に、意識せずに決済できる利便性が一番に挙げられます。スマートフォンを使っている人は、何かの機会にクレジットカード情報を登録することがあると思いますが、その際のワンアクションで後の決済がすべてできるようになるのは大きなメリットと言えるでしょう。

ただし、オンライン決済における完全な認証の仕組みは整っておらず、３Ｄセキュアなどの認証サービスも広がってはいますが、ｉＰｈｏｎｅＸで採用されたＦａｃｅ ＩＤ（顔認証）や指紋認証などの仕組みが完全に決済と結びついていかないと、まだまだモバイルペイメントには不安定な部分が残っていると言わざるを得ません。

　モバイルペイメントというと、何か非常に新しい技術革新のようなイメージですが、かつての〝おサイフケータイ〟とやっていること自体はほとんど変わりません。携帯電話がスマートフォンに代わり、対応するサービスが増えたくらいの変化です。

　それがここに来て、あらためて注目度が上がってきている理由に対する明確な答えはないのですが、社会的なインフラが整ってきたことに加えて、少額のアプリを購入する、音楽を1曲だけダウンロード購入するといったことが習慣のように身についてきたことで、少額決済に対して現金以外の決済手段を使うことへの抵抗感が減ってきたことも理由のひとつになっているのかもしれません。

オンライン決済代行システム

オンライン決済代行ビジネスは、今までの決済代行ビジネスを覆していくような存在で、加盟店契約を担うアクワイアラーのビジネスを請け負い、さらに決済プラットフォームとしてのビジネスも請け負うというビジネス形態をとっています。簡単に言うと、アクワイアラーのビジネスをオンライン化することによって、これまでアクワイアラーの取り分だった手数料で商売をしていくという形です。

本来、二重決済代行契約というのは法律で禁止されています。その意味では、オンライン決済代行システムは二重決済代行に近く、非常にグレーな存在です。そのため、包括代理契約を加盟店と結ぶという形を取ることで、決済代行業者としてではなく、あくまでもプラットフォーム契約の下でサービスを行っています。

オンライン決済代行システムは、これまで人力で賄われていたところをＡＰＩなどの形で提供することによって、ほとんど人の手を使わずに業務遂行が可能になるため、手数料を低く抑えることができるのもひとつのポイントとなっており、今後さらに大きく成長していくサービスとして期待されています。

これまでのオンライン決済、例えばアマゾン（Amazon）などの**ECサイトと呼ばれるものは、決済に対するリスクが非常に高いのが特徴でした。**

オンライン決済の場合は、3Dセキュアを導入しない限り、自己申告でのキャンセルをすべて受け入れないといけません。法律上はキャンセルがあれば、とりあえず代金を戻さないといけないようになっているのです。

もちろん虚偽のキャンセルは犯罪ですが、オンライン決済の場合、対面での商売ではない以上、加盟店自体がそれを管理できません。そのため、包括加盟店が決済代行として加盟店を管理していたのですが、オンライン決済代行ビジネスが生まれて、それ自体も吸収してしまう形になっています。

オンライン決済代行ビジネスを行う事業者Stripeの場合、キャンセル手数料として1000円を取るという方針を打ち出しています。キャンセル処理の連絡が来たら、契約している加盟店に1000円を請求するというものですが、その1000円が、ある意味、抑止力として働くのです。

これまでは、3Dセキュアを利用する以外、何もせずに泣き寝入りするなど、あまり有効な対策がなかったのですが、こういったサービスの誕生にあわせて、新しい動きも始まっているのです。

電子決済とデータ分析

広義の意味での電子マネーが拡大してきたことは、データ分析をする立場としては歓迎すべきところです。電子的な決済が行われればデータが残りますから、マーケティングや融資といったところに使えるデータがどんどん溜まっていきます。

日本における決済まわりのデータ、基本的にはクレジットカードのデータですが、それはクレジットカード会社が持っていて、自身のマーケティングに活用したり、分析したレポートを加盟店に提供するといったことが昔から行われてきました。

ただし、クレジットカード会社ごとにデータを持っていたため、全体の状況を把握するのは非常に難しかったのです。そこに、電子マネーや仮想通貨が普及していくと、さらに多くのデータが溜まり、最近ではポイントの連携などもあるため、これまで以上に幅広いデータが徐々に集まるようになってきています。個人情報保護法の改正も含めて、政府もそういったデータの活用を勧めるという流れにもなってきています。

これまでの決済データは基本的に金額が中心で、そこにカードと個人の情報が紐付けられる程度でしたが、仮想通貨が普及すれば、いろいろな情報をトランザクションに対して持たせることができます。

そうなると、後述するブロックチェーンで決済が行われたとき、例えばある100円の支払いが、何に対する支払いなのかまで記録できるようになるのです。さらに、決済されたときの状況や条件などの付帯情報をすべて持たせることができるので、データ分析という観点でも可能性が非常に広がることが期待されます。

クレジットカード事業者が持っている情報は、いつ、どの会員が、どの加盟店でいくら使ったかといったあたりまでで、何を購入したかまでの情報は持っていません。購入したモノの情報は、基本的にはPOSデータになるため、コンビニエンスストアならばコンビニエンスストアが持っているPOSデータを、そのクレジットカードの情報に紐付けない限り、データとしては存在しないことになります。

流通系のクレジットカード会社の場合は、そのあたりを意識して、POSデータとクレジットカードの情報を連携させて、分析などに使えるようにしているケースもあります。

データ分析をする場合、加盟店側だけの情報では、顧客に関する詳細な情報を取得するのは難しいのが実情です。例えばAさんがある加盟店で買い物をした場合、その加盟店を利用したという事実だけをもって「こういうことに興味がありそう」ということはわかっても、今後に繋がるような有効な手を打つことはできませんでした。

しかし、POSデータと繋がれば、より詳細なターゲティングが可能になるため、個別の商品に対するキャンペーンを張ったり、メーカーに対して購買者の購入動向をデータとして提供することができるようになるわけです。

これはクレジットカードでも電子マネーでも同じことで、いろいろなデータを繋げていくことで、これまで以上のデータ分析が可能になり、消費者ニーズにあった商品開発やマーケティングが実施できるようになるのです。

データを分析し、マーケティングに活用するためには、顧客の年齢や性別をはじめとする属性情報が必要となります。各事業者がポイントなどのインセンティブをつけて会員獲得を目指すのは、単純に会員数を増加させるためだけではなく、会員登録を促すことによって属性情報を獲得することが目的のひとつになっています。

業界は違いますが、例えばグーグル（Google）などがログインさせようとするのも、そのあたりを意識しているからです。今までのデータの取り方だと、セッション単位、クッキーベースでの集計しかできず、同じAさんなのに、ブラウザを変えただけで違う人と認識してしまうことになってしまい、Aさんの行動を正確にデータとして押さえることができなかったのです。このように、データをビジネスに活用しようとしている企業が、ユーザーの属性情報を取りにいくのは極めて自然な流れなのです。

とはいえ、属性情報はすなわち個人情報なので、どのように取られているか、どのように使われているかがわからないと、ユーザーにとっては不安の種にもなりかねません。クレジットカード会社を含めた金融機関は、信用によってブランドを確立させているため、法的にはまったく問題がなくても、レピュテーションリスクを恐れて、あまり動けていないのが実情です。

特に電子マネーやクレジットカードは、お金が絡む問題であるため、ユーザーの心理的な障壁も高くなりがちです。個人情報を利用する場合は、利用目的を明確にするのは当然ですが、さらに、ポイントの優遇などを含めたメリットを還元できるようなシステムを設計するなど、ユーザー側が受け入れやすい環境を作る必要があるかもしれません。

電子決済の普及に向けた課題

電子マネー事業のプロジェクトの一環として、クレジットカードや電子マネーの使用可否について、三菱総合研究所で都内の有名商店街でヒアリング調査を行ったことがあります。その結果、チェーン店は別として、昔から商売をしているような小型店舗は、基本的にクレジットカードも電子マネーも使用できない状況にありました。

導入しない理由について、「決済用のデバイスが高い」「決済手数料が高い」、そんな回答を想像していたのですが、そういった声は意外と少なく、「なぜそんなものが必要なのか」「現金だけの取り扱いで何も困っていない」、そんな声がほとんどでした。

海外からの観光客も数多く訪れる商店街だったので、旅行者からそういった要望はありませんかと尋ねたところ、予想に反して、そういった声はほとんどなかったのです。

その理由としては、日本は現金社会だから必ず現金を持っていくようにと旅行ガイドに書かれているため、ほとんどの旅行者があらかじめ現金を用意していて、さらに現金での決済が旅行の体験として喜ばれていたのです。そういったところからも、店舗側が決済手段の課題として認識していないことが明らかになりました。

一般的に電子マネーやクレジットカードなど、キャッシュレス化に向けた課題はコストにあると言われていますが、実はそれ以前のレベルで、「困っていない」、つまり利便性が認知されていないところに課題があったのです。もちろん、手数料などのコストを改善することで、導入のハードルを下げるのは当然なのですが、まずは**その必要性、重要性を認知してもらうことが、キャッシュレス化を進めるための重要なファクター**になってくるのです。

日本でキャッシュレス化が進まない理由

データ分析をする立場でいえば、たくさんのデータがあったほうが、一般の消費者や企業に対して、より高い付加価値を生み出すことができるので、なるべくキャッシュレス化が進んでほしいと思います。ところが、企業側がそこに価値を見出しても、消費者側がニーズを感じていない場合、またはその逆もあって、なかなか導入が進まないというスパイラルに陥っています。

韓国や中国でキャッシュレス化が進んでいるバックグラウンドとして、スマートフォンの普及も重要なファクターになっています。つまり、誰もが決済手段であるデバイスを手にした状態にあることが前提になっており、店舗側も導入すれば使ってもらえる可能性が高いため、広く利用できる環境が整ったのです。

また、中国のアリペイやウィチャットペイはQRコードでの決済という新しい方法を採用しているのも特徴です。クレジットカードや電子マネーは店舗側が読み取り機器を用意する必要がありますが、アリペイやウィチャットペイは、利用者がスマートフォンを持っていれば、レジに掲出されているQRコードを読み取るだけでも利用できるなど、コスト面で非常に有利な仕組みになっています。

クレジットカードは手数料で収益をあげるビジネスモデルですが、その手数料が高いことが導入への障壁にもなっていました。その手数料を下げる手段として、APIやオンライン決済代行システムが生まれてきた流れを見ると、より安価な手数料でどういったことができるかというのがひとつのポイントになっていくと思われます。

例えば「LINE Pay（ラインペイ）」のように、プリペイドにすることで、仮想通貨ではありませんが、別の通貨としての機能を持つものも登場しています。LINE Payは、いわゆる電子マネーと同じように、モノやサービスの決済に利用できるだけでなく、送金機能も備わっているため、個人間決済にも利用できるのですが、現在のところ、送金に対する手数料は請求されません。

手数料がゼロであれば、利用者も気軽に使えますし、それによってLINEグループのサービス利用者が増えれば、企業としても囲い込みの効果が期待できます。モバイルペイメントの今後の方向性によって、手数料ビジネスがどのように変貌していくかも、注目しておきたいポイントになっているのです。

消費者にとっては、やはり利便性が一番のポイントで、決済手段が「現金」なのか「電子マネー」なのかはあまり関係がなく、最終的には、より使いやすいものが残っていくのだと思います。電子マネーのほうが便利であれば電子マネー、現金のほうが結局使いやすければ現金が残っていくのです。

現時点では、モノ（現金）を持つことのリスクと、データ（電子マネー）を持つことのリスクが両天秤になっていないため、ある意味、ニュートラルな状態ではあるのですが、すでに90％以上が電子マネーになっている国もありますし、すべてを電子マネーに置き換えようとしている国もあります。

そこまでの決断ができれば話も早いのですが、現在の混沌は、天秤をどちらかに傾ける作業でしかないので、今後の推移は注意深く観察する必要があると思います。

例えばＬＩＮＥ Ｐａｙで育ってきた子どもたちが就職して大人になったとき

に、はたして現金に向かうことがあるのかどうかは少し疑問です。インフラが先か、サービスが先かという議論も当然ありますが、今後日本でも、どこかのタイミングで大きなブレイクスルーが起こることになるかもしれません。

日本でも今後スマートフォンの普及がさらに進めば、加速度的にキャッシュレス化に向かう可能性もありますが、それ以前の問題として、やはり現金による決済で困っていないという点も無視できません。

ほかの国と比べて、日本は現金を持っていても危なくない国ですし、ＡＴＭもあまねく普及しています。振込の着金が遅れることもほとんどありません。つまり、**社会的な課題が海外よりも少ないからこそ、逆にキャッシュレス化が進まないという状況**になっているのです。

世界的な高額紙幣をなくしていくというトレンド

日本では、昨今早期のキャッシュレス化が至上命題のように言われていますが、これは時代の流れというより、2020年の東京オリンピック・パラリンピックに向けてのポーズのようにも捉えられています。

世界的には高額紙幣はなくしていくことがトレンドになっていて、現金流通量が世界第2位の日本においても、そのトレンドには乗らざるを得ない状況になっています。

店舗側にしてみると、高額紙幣がなくなるのは大きなメリットとなります。つまり、1万円をもらうことには、盗難や釣り銭間違いなど大きなリスクがありますし、高額紙幣がなくなると生産性が向上すると言われているからです。

便利なモノが流通し始めると、誰かが情報を握ってしまうことになるのは、管理社会なので仕方のないことではありますが、情報を握る側が悪用をしないように、国がきちんと制度として整えていく必要があります。

今の世の中は、情報を共有しましょうという流れになっていますが、ここで重要なのは、個人が特定されないことです。**個人を特定しないパーソナルデータが流通すれば、いろいろなところで、いろいろな経済活性化効果が生み出される可能性があります。**

ある一箇所に情報が集まって、それを握ってしまうのが問題であって、全員がそのデータを共有している状態であれば、それをいかに活用するかは企業努力の問題になります。

シェアリングエコノミーと個人間決済

最後に、モバイルペイメントの可能性として、〝シェアリングエコノミー〟と個人間決済について紹介しておきましょう。シェアリングエコノミーは、モノやサービス、場所などを、多くの人と共有する社会的な仕組みのことで、カーシェアリングやコミュニティサイクルなど、さまざまなサービスが展開されています。

ここでは、シェアリングエコノミーの一例として、「クラウドファンディング」について考えてみましょう。現在のクラウドファンディングは、胴元となる企業が手数料を取るという形で運営されていますが、個人がお金を入手するための手法として、広義にはモバイルペイメントとして考えられるのではないかと思います。

クラウドファンディングは、企業やベンチャーキャピタルから資金を援助されるのではなく、個人の応援という形でお金を入手する仕組みです。その中にはクレジット決済によるものもありますが、ＬＩＮＥ Ｐａｙのような形で、違う通貨のようなものを使った取引が行われていたりもします。

ビジネスモデルはさまざまですが、**個人がいろいろな決済手段でお金を手に入れられる時代がきた**というのは非常に注目すべきところで、その方法が、モバイルペイメントを介して大きく変わってきているのです。

その中でもモバイルペイメントと相性のよいビジネスモデルが、シェアリングエコノミーなのだと思います。モバイルペイメントがない環境でシェアリングビジネスができるのかという話もありますが、現金でシェアリングビジネスを行うのは現実的ではありません。ビジネスモデルを変えるだけのインパクトがあるビットコインなどの仮想通貨や電子マネーに鑑みると、より新しい付加価値がビジネスモデルを生み出すためには必要になるのだと思います。

クレジットカードでも電子マネーでも同じですが、その拡大によって、お金の流通速度は確実に速くなっています。意思決定と同時にお金を渡すことができる決済手段は、ビジネスにも大きな影響を与えていきます。

その根本として、**手数料を軽減できるような仕組みができてきた**ところと、**多様なモバイルペイメントの環境が育ってきたことによる流通速度の速さ**の2点が、新しいビジネスを生み出していっているのだと考えられます。

仮想通貨についても、流通速度がより加速度的に増すのであればユーザーはついてきますし、セキュリティ的な不安がクリアできればさらに加速してもおかしくないでしょう。

ひとつ気になる点は、プラットフォームもそうですが、あまりにも種類が出すぎているところです。大半が淘汰されていくのか、またはより大きなプラットフォームに吸収されるのかは、今後の推移を見守る必要があります。

例えばビットコインが本当に沈まない船かどうかは、どうしても石橋を叩いて渡る必要があるので、その判断が難しいところです。結局使われなくなってシュリンクするのか、さらに使われて拡大するのかはまだわからないところが多いのが現状です。

新しい技術ができれば、それにあわせて新しいモノやサービスが生まれるわけですが、すべてに乗っていくことはできません。人間の時間にも制約がありますすから、そのあたりの動きをしっかり見極めていく目が必要になってくるのだと思います。

モバイルペイメントの可能性として、さらに注目しておきたいのが〝個人間決済〟です。その名のとおり、個人間で行われる決済のことですが、ここでは、個人間で行われるお金のやり取りに、極力、契約会社やブランドが介在しないような決済手段として考えていきます。つまり、現在のクレジットカードのような形ではなく、**単独の1社が入ってきて、それが個人同士のお金をやり取りするという形での決済**になります。

決済の流通速度を格段に速める個人間決済が今まで難しかったのは、間に企業がたくさん入ってきて、どんどん手数料を吸い上げていったからです。

極端な話、1000円で決済したのに、手元には900円しか残っていなければ、お互いにとって何のメリットもありません。介在する企業を儲けさせるだけの送金や決済手段では、利用者が増えることはないでしょう。

それを極力ミニマムにしていくことで、決済を簡潔に行うというのが、ここでいう個人間決済の考え方であり、例えばＬＩＮＥ Ｐａｙなどのペイメントサービスでは、〝割り勘〟ができるようなサービスも行われています。

お金の流通速度が上がれば、こういったサービスの市場もさらに盛り上がっていくことが期待されるのです。

第5章

ブロックチェーンの可能性

ブロックチェーンの新たな活用

ビットコインなどの仮想通貨を支える技術として注目を集めるブロックチェーンですが、その一番の特徴は、システムが事実上落ちないし、壊れないことです。ノード（ネットワークの節点）が冗長構成になっていて、それぞれがデータを共有し合う形になっているので、いわゆるサーバー・クライアントモデルのように、サーバーが落ちたら終わりということはありません。

ブロックチェーンはその名のとおりブロックをチェーンで繋ぐという意味なのですが、**チェーンを繋いでいく際に、ハッシュなどの暗号化技術を活用することで、古いデータの改ざんを難しくしています。**

そして、**ブロックに書き込まれたデータをすべての参加者が見ることができるというオープン性を備えていることも特徴のひとつ**で、さらにある一定の条件が整うと、自動的に契約や手続きが動き出すという、「スマートコントラクト」と呼ばれる機能も備えています。スマートコントラクトは、その名前のとおりコントラクト（契約）をスマートに行えるプロトコルのことです。

こういった特徴を備えたブロックチェーン技術を、ビットコイン以外にも活用しようという動きが出始めています。

例えば、法人登記のような、さまざまな書類が必要な手続きにおいてブロックチェーンを活用すれば、提出書類がある一定の条件で整うと、自動的に法人設立の認可を出す。または、Ｗｉｎｎｙなどのｐ２ｐソフト上で違法コンテンツが流されるようなことがありましたが、ブロックチェーンを使って、そのコンテンツの権利者を情報として一緒に流せば、不正コピーされたものが本来の権利元ではないことが確認できる……といったような活用が検討され始めています。

また、土地の登記にブロックチェーンが使えないかという試みがエストニアで行われていたりもします。

ブロックチェーンの種類

一言でブロックチェーンと言っても、種類はさまざまで、ビットコインで使われているものは非常にシンプルな機能のものです。

ブロックチェーンのコアとなるのは、データを分散して持たせて、誰も管理をしていないのに、全員がそれを正しいというような形で承認する仕組みを計算競争させることにあります。それを〝プルーフ・オブ・ワーク〟と呼んでいますが、このプルーフ・オブ・ワークの有無が重要で、いわゆるブロックチェーン原理主義者には、プルーフ・オブ・ワークがあるものをブロックチェーンと呼び、その仕組みがなければブロックチェーンとは呼ばない、という人もいます。

その一方で、例えば発行主体や管理主体があってもいいのではないか、プライベートで使ってもいいのではないか、プルーフ・オブ・ワークがなくてもいいのではないか、単純に価値を移転する仕組みとプルーフ・オブ・ワークよりも簡易な仕掛けを作って、それで情報が相手に正しく移転できるのであれば、それをブロックチェーンと呼んでもいいのではないかという人たちもいます。

　個人間の取引であれば原理主義的なブロックチェーンの仕組みでも機能するのですが、企業間やエンタープライズ間の取引になると、やはり不特定多数の人が参加することはあり得ません。

　コンソーシアムを組んで、その企業間でやり取りをする場合、基本的にはわかっている人に参加してもらい、何か不正なことをすれば退出してもらえばいいだけなので、その中の情報をほかの人には漏らさない、つまり参加した人だけがわかるような仕組みを作ればいいわけです。

　こういった、限られた参加者の中でやり取りをする仕組みは、〝コンソーシアム型ブロックチェーン〟と呼ばれるもので、そこにはきちんと管理主体がいて、その人がきちんと管理を行います。基本的には顔のわかる人たちしか参加しないので、ＣＰＵパワーや電力を使って何かを計算し、正しいと証明するような仕組みは必要ないわけです。IBMが主導している「ハイパーレッジャー（Hyperledger）」や、銀行が数多く参加して作られている「コルダ（Corda）」は、そういったブロックチェーンのプラットフォームになっています。

これらの議論で共通なことは、目的が取引とその履歴を管理する「台帳」であることです。しかし、実現する手段として技術的には類似する仕組みでも、細かい点では異なるこれらのプラットフォームを、本当にブロックチェーンと呼んでもいいのかという話になると、ブロックチェーンではなく「分散型台帳」「DLT（Distributed Ledger Technology）」と呼ぶ人もいます。

このあたりは人によって意見が分かれるところで、日本ではいまだに統一されていません。ヨーロッパなどでは、ビットコインで使われている、第三者が存在せず、プルーフ・オブ・ワークによって情報の正しさを担保するような仕組みが入っているものをブロックチェーンと呼び、それ以外のものはDLTと呼ぶといった整理がかなり進んでいます。

つまり、ビットコインの基盤技術はブロックチェーンであり、ＩＢＭが提供するコンソーシアム型のプラットフォームはＤＬＴであるといった明確な区別が、ヨーロッパでは行われているということです。

このようにブロックチェーンにはさまざまな形があり、現在ではその整理も進みつつありますが、混乱を避ける意味でも、ブロックチェーンとＤＬＴを区別せず、ここではすべてブロックチェーンとして説明していきます。

すべてをブロックチェーンと考えると、誰でも参加できるビットコインのような仕組みは「パブリック型」で、いわゆるＤＬＴに区分されるクローズドなモデルは「コンソーシアム型」のほかにも「パーミッションド型」「プライベート型」などに類型されます。ちなみに、実証実験が盛んに行われているモデルのほとんどは「コンソーシアム型」と呼ばれるものです。

ブロックチェーンの本質的な特徴はやはりオープン性なので、閉ざされた空間での利用が本当に効果的なのかはいまだに議論が残るところです。たくさんのプレイヤーがいる状況におけるブロックチェーンの有効性は間違いないのですが、限定されたメンバーでのブロックチェーンは、従来型のモデルと何が違うのかという話になってしまいます。

ブロックチェーンは、基本的に参加者全員がデータを共有するという形になっています。そのため、ビットコインの場合も、アプリを最初に起動すると、今までの履歴データをすべて一度ダウンロードする必要があるのです。ビットコインのブロックには、ものすごく簡単なデータとトランザクション量くらいしか書かれていないのですが、取引の履歴がすべて残されているため、現在では100GBくらいの容量になっています。

個人のパソコンで作業するのであれば、実際のところ、100GBくらいのデータ量はあまり気にならないかもしれません。しかし、パーミッションド型などのクローズドな環境で、10個のノードがあった場合、10台すべてで同じデータを共有することになります。

従来型のサーバーであれば二重化、三重化で済んだデータ量が、一気に10倍になるわけですから、小規模の環境であれば、サーバー型のほうがコスト的にも、利便性の面でも有利になってしまう可能性は否定できません。つまり、**ブロックチェーンは、決して夢のテクノロジーではなく、適材適所でうまく活用していくべきテクノロジーである**ことをまず念頭においておく必要があります。


ブロックチェーンとビットコインの関係について、誤解のないようにあらためて整理しておきますが、電子マネーを移転させる新しい仕組みとして、サトシ・ナカモトが論文を書き、その結果として最初に出てきたのがビットコインです。

そして、その信頼性を保証する仕組みがブロックチェーンなのですが、ブロックチェーン技術を活かしてビットコインが生まれたのではなく、ビットコインを支える技術が、後にブロックチェーンと呼ばれるようになったのです。

インターネット環境において、情報の共有は簡単にできますが、その情報の正しさは保証されません。誰でもアクセスすることはできますが、その情報は真実なのか、誰が書いたのかといったことまでは担保されません。

まさに玉石混交なのですが、ビットコインの仕組みは、その情報は「真実である」「正しい」ということが書き込まれているので、価値の移転が可能なのです。たとえ更新されても、その情報もすべて残っているので検証できます。誰でもそれを見ることができて、正しいことを確認できるというところに、大きなブレイクスルーがあったのです。

ビットコインに対する危機感や不安、ネガティブな印象は、2014年に起こった〝マウントゴックス〟の事件によるものだと思われます。しかし、この事件は、ビットコインの仕組み自体にハッカーが侵入して、そこから流出したようなものではなく、ビットコインを預かっていたマウントゴックス側の問題で起こった事件でした。

そこを混同してしまうと、ビットコインそのものの仕組みが危ないのではないかという誤解が生まれます。実際のところ、現時点では理論的な破綻は起こしていません。**ビットコインの仕組みは、暗号理論によって作られていて、ビットコインの暗号を瞬時に解いてしまうような新しいコンピュータ、量子コンピュータのようなものが出てこない限り、基本的には問題もなく運用されると言われています。**

事実、運用開始から一度もダウンせずに稼働しているのですから、そのあたりの信頼性は非常に高い仕組みといっても問題ないと思います。

ブロックチェーンを活かすために

輸出入に関する手続きを効率化するためにブロックチェーンを活用するという実証実験が、ＮＴＴデータや金融機関、保険会社などによって行われています。

輸出入に関する手続きには、まず売り主と買い主がいて、それぞれの国に実際の決済を行う銀行があり、さらに貨物を動かす物流業者がいて、さらに保険会社も関わってきます。

さらに、このようにさまざまなプレイヤーが介在し、この手続きが終われば次はこの手続きといった条件も存在しています。このあたりのフローを、スマートコントラクトを活かしつつ、ブロックチェーン技術を活用して構築できないかという検討が行われているのです。

売り主と買い主の間で売買契約が行われると、続いて貨物を載せるための船積通知のようなものが送られます。それに対するお金のやり取りは、売り主と買い主の間で直接行われるのではなく金融機関を通すことになるので、契約成立に伴う決済の通知がお互いの銀行に入り、そのための信用状が発行されたりします。そして、売買の金額が決まれば、それに対する保険も決まってきます。

このように、さまざまなプレイヤーに、さまざまな手続きが発生する中、その順番もある程度決まっている状況において、「台帳管理」が必要な場合に、ブロックチェーンやスマートコントラクトがうまく使えるのではないかと考えられているのです。

また、ブロックチェーンの中にどういったデータを書き込むのかについても議論があります。銀行口座を開設する際、最近では〝ＫＹＣ〟と呼ばれる「顧客確認」が行われます。そこにブロックチェーン技術を採用した場合、例えば、名前や住所、電話番号、年齢といった個人情報をそのままブロックチェーンに書き込むと、その情報は別の場所でもそのまま参照して活用することができます。

このことは逆に、書き込んだ情報が、ブロックチェーンに参加している人なら誰でも参照できてしまうわけですから、プライバシーという観点では大きな不安を残すことになります。そこで、個人情報のハッシュをとって、そのハッシュ情報のみをブロックチェーンに書き込むという方法が検討されます。

例えば、Ａ銀行で本人確認をしてもらい、その個人情報は正しいという結果に対するハッシュ値をＡ銀行に書き込んでもらえば、次にＢ銀行で同じ情報を提出した際、その情報のハッシュ値は当然同じになります。Ａ銀行で正しいと確認されたデータなので、Ｂ銀行でも同じように正しいことが確認されるわけです。

このように、ブロックチェーンには、オープンなのかクローズドなのかという類型のほかに、データの持ち方として、ＲＡＷデータ、つまり生のデータをそのまま書き込むか、ハッシュ値だけを書き込むかといった、２×２の条件が存在し、それぞれに最適なユースケースがあると考えられています。

システム全体の負荷を考えれば、ハッシュ値による運用のほうがよさそうですが、もし一文字でも書き損じてしまうとハッシュ値が合わなくなってしまうという問題があります。つまり、Ａ銀行では1丁目1番1号と書いたのに、Ｂ銀行では1－1－1と書いてしまうと、当然ハッシュ値が変わってしまうので、同じ情報であることを確認できなくなるわけです。しかも、ハッシュ値だけでは、どこを書き間違えたのかさえわからないのです。

このように、ブロックチェーンに何を書き込むかは、システムの規模やデータの内容などを考慮しながら、しっかり検討する必要があります。ただ、先に述べたような問題はあるものの、やはり個人情報のような機微情報は、ハッシュで管理しないと別の問題が起こる可能性も否定できません。

ブロックチェーンの課題

当然のことですが、ブロックチェーンにもいくつかの課題があります。

まず前提として、データは絶対に壊れないと言われており、これについては現在のところまったく問題は起こっていないのですが、それを実現するために、**データがそれぞれで冗長性を持たないといけないため、結果的に容量が極めて大きくなるという問題**があります。

また、いわゆる〝コンセンサスアルゴリズム〟と呼ばれる、データを書き込む際の合意の取り方が、ブロックチェーンのいくつかの方法によってまったく異なっていて、もし書き込めないような事態が起こったときに一体何が起こるのか、何らかのトラブルが起こったときにどうなるのかについて、あまりよくわかっていないところがあります。

さらには、悪意のある人が参加しているモデルを想定するかどうかの問題もあります。悪意がある人が想定されるときにどうするかはいまだに解決されていない問題です。

日本は特にそうですが、いろいろなことがすでにシステム化されているところに、ブロックチェーン技術を導入しようとすると、当然、既存のシステムを改修しないといけなくなります。そのコストを掛けてでもブロックチェーンに移行したほうがよいのかどうかは、中長期的な運用コストも考慮する必要があります。

新たなシステムへの導入や、一部に適用できるかどうかを検証する程度なら問題ないのですが、すでに存在しているシステムとの整合性をどうするかについては、しっかりとした評価が必要になってくるのです。

そもそも、ブロックチェーン、ひいてはビットコインの技術がすばらしいと評価されているのは、匿名性が確保されて、国境を超えて自由にやり取りできるところにあるわけです。現在検討されているモデルのほとんどは、それほど匿名性は重視されておらず、国境を超えたとしてもある程度プレイヤーが見えているケースばかりです。

つまり、ビットコインの良さとは違うところでブロックチェーンを扱おうとしているために、その本質や良さがうまく見出せていないところがあります。見出しにくいというところもあります。

Ｗｉｎｎｙとの関係性についても少し述べましたが、結局のところ、誰にもトレースされず、わからないようにやる仕組みの発展形としてビットコインは存在しているわけです。

実際、Ｗｉｎｎｙは技術としてはすごいのですが、一般社会での正しい使い方となるとなかなか良いモデルが出てきません。そのあたりが、ブロックチェーンにおいてもジレンマになっているのではないかと思います。

データを扱うフローであれば、理論的にはブロックチェーンを活用することは可能ですが、そこにメリットがあるかどうかは別の話です。逆に言うと、今後新しいシステムを構築する場合は、積極的に導入が検討される可能性もあります。

例えば日本の場合、法人登記や土地登記に関しては、すでにしっかりとしたシステムが構築されているので、わざわざブロックチェーンに置き換えるメリットがあるかどうかは検討する必要があります。しかし土地の管理システムがあまりしっかりしていない国では、システム化のひとつの手段としてブロックチェーンを活用するという選択肢もあるのではないでしょうか。

ブロックチェーンは、最初にチェーンができたときから、ずっとデータが残り続けます。残っているからこそ良いのだという話なのですが、すべての履歴を持ち続けることが正解なのかどうかはケースバイケースになります。例えば、公文書の場合、だいたい5年とか10年といった期限があります。

しかし、一度ブロックチェーンに書き込んでしまうと、１００年とか２００年とか、システムが動き続ける限り消えることがないのです。また、ビルのエネルギー管理などは、直近24時間については極めて細かいデータを持っているのですが、48時間くらいまでは少し緩くなり、１週間くらい経つと日報程度しか残っていないといった感じで、徐々に丸めていくように記録することでデータ量を抑えています。しかし、**ブロックチェーンで管理すると、重要性とは関係なく、すべてのデータが記録され、最終的には莫大なデータ量となってしまう**わけです。

また、データを書き込む人がたくさんいるほうが、ブロックチェーンには意味があると考えられています。つまり、システムが大きくなればなるほど、参加者が多くなればなるほど、ブロックチェーンの良さが活かせるようになるわけですが、その分、共有しなければならないデータが大量に発生し、ネットワークへの負荷も増大するという弊害もあわせて認識しておく必要があるのです。

このように、新しい技術としてのブロックチェーンには、これまでにないメリットがある一方で、検討していかなければいけない課題も少なくありません。ブロックチェーンの活用については、現在のところ、さまざまなアイデアが出されている段階であり、技術的に可能かどうか、法律やコストパフォーマンスの観点で問題はないか、といったことについて、慎重な評価が待たれるところです。

医療データの情報としての価値

ここまでブロックチェーンが仮想通貨を離れて、さまざまなシチュエーションで活かされる可能性について解説しましたが、ここでは通貨という仕組みのみならず、社会の他の分野でもその適用可能性が検討されていることについて紹介します。その例として、非常に検討範囲が広い医療業界におけるブロックチェーンの活用について解説していきます。

研究して薬を作る場合、非常に多くの個人医療データが必要になります。日常生活における健康に関する基本情報を集める際には、やはり、その情報に応じた対価を支払うべきではないかという考え方が広まりつつあります。

これまでは善意によって、研究に協力してもらうというケースが大半でした。もちろん対価としてお金を支払う場合もありますが、そのお金の出どころや、データの価値をどのように換算するかについては、半ばグレーといいますか、研究者サイドに依存する状態でした。

しかし、そういったものが、ブロックチェーンなどの新たな技術によって開かれていけば、もっと研究開発がしやすくなるのではないかという議論もあり、広い意味での活用や流通という意味では、医療分野にも確実にブロックチェーンの技術を導入するニーズが存在しています。

医療分野におけるブロックチェーン技術の活用は大きく分けて2種類です。一般の診療や診断、診察といった医療行為の提供における活用と、研究開発での活用です。前者はイメージしやすいと思いますが、患者が病院に行って、治療を受けて帰ってくるという流れが、今まではバラバラに行われていました。それをブロックチェーンで管理するのです。

サプライチェーンや決済、保険の支払いなど、現在の日本ではあまり問題になっていないかもしれませんが、アメリカでは深刻な課題となっており、それらすべてをブロックチェーンで管理しようという考え方が出てきています。

医療の世界で取り扱うデータには機微なものがたくさんあります。個人の健康状態や病気の問題なので、セキュアに扱わなければなりません。そのデータを共有するというのは、極めてセンシティブな問題なのです。

さらには利権が関わるところでもありますから、システムベンダーや医者も、自分が行った治療行為を公開するのにためらいがあったりします。そして、場合によっては医療問題に発展する可能性もあり、なかなかそういったデータの共有は進みませんでした。

しかし、**医療費が増大する中、医療の質を向上させるという目的において、それらのデータをオープンにして、みんなで共有していこうという動きが始まっています。**

すべてを共有して、患者にもオープンにしていくのは、今後の医療業界を考えると非常に重要なテーマです。しかし、もしそういったシステムを作るとすると、いったい誰が主導・牽引するのか、そんな大規模なシステムを作る予算はどうするのか、そういった話は必ず出てきます。

「患者のデータは個人情報で、機微性が高く、セキュアに扱わないといけない」

「そんなシステムを作るためにはとんでもないコストが掛かる」

従来技術やベンダーとの関係性の中では、なかなか実現が難しく、数年前までは完全に夢物語ともいえる話だったところに、新たな技術が突然登場したのです。

ブロックチェーンによる医療データの共有

現在、日本の大病院などでは、それぞれで独自のシステムを導入し、系列の病院などをネットワークで繋ぐことによって、実際にデータのやり取りを行っているところもありますが、系列が違う病院だと、まったくデータを共有することができません。

しかし、医療データの共有は進めていかなければいけない重要な課題であり、すでにアメリカなどでは実証研究も行われています。実際の活用法として、電子カルテというシステムもありますが、それはあくまでもカルテを電子化しただけで、個々には繋がっていません。

そこで**ブロックチェーン技術を導入することで、患者の予約状況や電子カルテの情報、医療機器による計測データ、医療費の支払い状況や予後の情報などがセキュアな環境で共有できる**ようになるのです。それはさらに、病院や医者だけでなく、インターネット上で患者がいつでも好きなように閲覧することができます。そうなれば、医療サービスの幅も広がってくるはずです。

研究開発の面でも、医療の向上、医療研究のためには、患者の医療データは絶対に必要な情報です。その情報をとにかくたくさん集めた人が良い研究をして、薬を開発して、お金も儲かる……これまでは、そういった流れになっていました。つまり、有力な研究ができるのは、お金を持っている有力な研究者に限られていたのです。しかし、ブロックチェーンによってデータを共有することができれば、その壁が壊される可能性があるのです。

実際に日本でも、国を挙げてガンゲノム研究をやっていこうという流れがあります。日本にガンの診療を行っている病院はたくさんありますが、そのデータをすべて繋げて、拠点病院のようなところにデータを集約し、そのデータをみんなで共有することで、新しいガンの診療方法や薬を開発していこうという構想です。とにかく医療データを集めて、それで研究しようという話なのですが、これまでは、そのデータをいかにセキュアに扱うかという話が中心で、データの集め方については、プリンシパル・インベスティゲーター、つまり研究代表者の裁量、考え方に従うものでした。

しかし今では、データを募るときに、参加しただけの対価を支払いましょうという話が出てきていて、その対価をどう見積もるか、どのような形で提供するか、そのあたりもしっかり管理しようというように話が進んできています。

この構想において、ブロックチェーンという言葉はまったく出てきていませんが、当然こういったことを、オープンに、セキュアに、そして低コストで実現するためには、ブロックチェーン技術の導入も候補として出てくるわけです。日本でよく行われているように、大金を投資して、どこかのベンダーに独自のシステムを開発させようという議論ももちろんありますが、その方法だとどれだけのコストが掛かるかわかりません。

しかし、ブロックチェーンのような技術を使えば、低コストで構築できる可能性があり、データをしっかりと規格化することができれば、いろいろな研究拠点が、自分のデータを保持したまま共有できるので、非常に参加しやすい環境を作り上げることができるのです。自分たちの持っているデータは、自分たちで持ったまま、つまり、自分たちの利権を守りながら、全体の研究活動に協力・貢献できる可能性があるわけです。

そして、これはブロックチェーンの特性でもあるのですが、自分たちの研究データをどれくらい提供するか、その際にどれくらいの報酬が得られるか、そういったところもしっかりとオープンな空間、台帳に記録として残すことができますし、評価体系の算定にも直接関わることができる可能性が出てきます。

一人の中心人物がすべてを決めるのではなく、参加者すべてが、評価体系や対価の計算、貢献度の算出などに関われるようになるのです。これはあくまでも可能性の話ですが、ブロックチェーン技術を用いることで、実現性は非常に高くなります。

データ・シェアリングにおけるブロックチェーン

こういった取り組みを〝データ・シェアリング〟と呼びますが、データ・シェアリングをしたほうが社会的に絶対有益なはずなのに、なかなか進まない情報は非常にたくさんあります。それは、データを提供する側が、絶対に損をするというわけではありませんが、少なくともデータの価値を独占できる可能性が減ってしまうので、なかなか実現しにくいという現状があるからです。

もちろん、営利活動という点では決して間違っているわけではないのですが、医学の世界においては、価値の独占が人類にとっての損失に繫がることもあり得ますから、データ・シェアリングをきちんと進めていこうという議論になっています。

医療におけるデータ・シェアリングの動きは、現在のところ欧米が主導で進んでいます。欧米の研究者は、自分たちでも大量のデータを持っているし、研究能力もあるので、みんながさらにデータを出してくれれば、自分たちが先に研究成果をあげられると考えているため、率先して日本やそのほかの国に圧力をかけて進めさせているという側面も否定できません。実際、欧米においては、人類のためだと思っている人だけではなく、しっかり利権を考えながら参加している人もいます。

医療分野におけるデータ・シェアリングは非常に重要であり、確実に進めていかなければいけない課題なのですが、**実際にデータ・シェアリングを行う場合は、**

そのネットワークにおいて貢献した分だけ、きちんと評価する仕組みが必要だという議論も進んでいます。今のところは未解決の課題ではありますが、やはり、貢献したら、それをみんなで正しく評価して、それに相応しい対価を支払いましょうというのが、理想の流れになっています。

これは、現在の中央集権的な仕組みの中でも実現可能な課題ではありますが、クローズドな環境よりも、オープンな環境で議論されたほうが、より正しい評価に繋がるはずです。

どういったデータをどれだけ持っていて、それをどれだけ拠出して、それがどれくらい実際の研究に使われているか。そういった情報をフルオープンにする必要はありませんが、少なくとも研究コミュニティの中だけでもオープンにすれば、どういったデータが、どういった研究に使われて、どういった成果に繋がったかを管理することが、ブロックチェーン技術を使えば実現可能になります。アクセスのログなどをしっかりと残しておけば、不正使用も監視できるので、セキュアに使うことができます。

医療は極めて専門的な技術であり、医者でなければ提供のできないサービスです。ある意味、大変危険なもので、失敗すると、それこそ人命に関わってきます。なので、医療システムは医者を中心に構築されるのですが、患者にももちろん大変な部分があります。

そもそも病気になること自体が大変なことですが、病院に行くのも大変だし、病院で待つのも大変です。ちょっとしたことを相談するために、わざわざ病院まで足を運ぶ必要があります。アメリカでは、そのあたりの取り組みも進んでいて、スマートフォンで医療相談ができるようなサービスも作られています。

患者がスマートフォンで相談を投げかけると、そのコミュニティに参加している医者がそれに答えてくれるのですが、医者には答えた回数や内容、評価、レーティングによってインセンティブが支払われる仕組みになっていて、患者にとっても気軽に使いやすいサービスとして試みられています。

しかし、そういった仕組みはセキュリティがとても重要になりますし、医者も適当なアドバイスをして、被害が出ると大変な問題になります。

そういった場合、ログを残すということが非常に大切で、しっかりと記録が残る環境であれば、インセンティブ目当てで適当に手を挙げて、いい加減な回答をするようなことはできなくなります。

そして、ブロックチェーン技術を活用すれば、ログが確実に残せるだけでなく、そこに資格審査などを組み合わせることもできるので、よりセキュアな新しい医療システムを構築できる可能性があるのです。

セキュリティと個人情報

さて、ブロックチェーン技術の応用において問題になるのは、ブロックチェーン技術が本当にセキュアなのかという問題です。アメリカなどでは両論があって、大丈夫だという信頼派と、不安を感じる懐疑派が存在します。

そこで、標準化を行っている組織が主導して、ブロックチェーンのコンテストやミーティングが盛んに行われていますし、政府主導でも、いろいろなコンペやコンテストが行われています。

政府としては、本当にブロックチェーンがセキュアだから進めようというよりは、そういったことをすべて明らかにするために行っているという側面のほうが大きいようです。何らかのテーマに対して、ブロックチェーンを使ってサービスを構築させ、すばらしい作品にはアワードを与えたりするのですが、そこではビジネスのコンテストだけではなく、問題に対する議論も行われています。

議論における問題意識は、セキュリティが最上位にあり、その次が開発コストと権利関係になります。**開発コストを下げて、データ・シェアリングをする際の権利を平等かつ公平にしようという意識の下、ブロックチェーン技術のようなも**

のが検討されているのです。

決してブロックチェーンありきではなく、他の方法だとコストが全然変わってきますし、公平性を保つためには何か新しい仕組みを導入しないと実現不可能なため、最適な手段として、ブロックチェーン技術の導入が検討され始めているといった流れになっています。コスト、公平性、密室性を考慮すると、今までの考え方とはまったく違う、興味深い仕組みとして、さまざまな議論が行われているのです。

患者の診察データを共有することは、人類にとって大きなメリットに繋がるわけですが、その一方で、もし診察データがすべて共有されてしまうと、医者の良し悪しもすべて明るみに出てしまうという問題もあります。患者にとっては歓迎すべき状況ではありますが、医者にとっては死活問題です。

そのデータによって医者が評価されたり、簡単に訴訟問題が起こるようになってしまうと、医者になる人が減ってしまう可能性もあります。それでは元も子もないわけですから、システムとしての実現性だけではなく、そういった課題も考慮していかなければならないのです。

すべての問題がクリアになっているわけではありませんが、欧米ではどんどん議論が進んでいますし、エストニアなどでは、すべてのデータを共有し、インターネットで閲覧可能にするという計画が実際に進められています。

診察データは個人情報なので、患者が提供に同意するかどうかが重要になります。もしデータ・シェアリングが進む場合は、そのあたりのガイドラインもしっかりと作られるはずですが、ここで問題になるのは過去のデータです。過去の蓄積を共有する場合は、すべて同意を取り直さないといけなくなるので、非常の難しい問題になってきます。もちろん将来のことについては、今後の診察において同意が取れれば問題ないわけですが、必ず同意が取れるかどうかは別の問題となります。

そういう意味でのひとつの解決方法として、イオンは、同社が発行しているWAONカードを持っている高齢者に対して、イオンが行う検診などを無料で提供する代わりに、その情報を使うことの同意を得るという取り組みを行っています。このように、情報を提供するメリットがある場合は、非常に同意が取りやすく、個人情報の問題がクリアしやすくなります。

実際、そのデータが弘前大学による街づくりに繋がるなど、サービスとしても動き始めています。そういったサービスを支える基盤として、中央集権型のイオンに依存するWAONカードベースの仕組みで行くのか、分散型の、イオンはもちろん、イトーヨーカドーも参加できるような仕組みをブロックチェーンを使って構築するのか。このあたりが今後の課題として議論されています。

患者ではなく研究参加者

医療の分野では、患者という言い方はせず、研究に参加する人、研究参加者のような言い方をすることがあります。診察に訪れる人は、医療サービスを受けるのと同時に、医療データを提供することで研究に協力しているわけですから、実は価値を提供する側でもあるのです。そして、そのことをしっかりと認めようという流れになっています。

しかし、本当にそういったものに対価を支払うことができるのかが問題になっていて、診察を受けることで患者も価値を提供しているのだという意識が必要になってきます。

また、医療全般で言うと、新しいサービスが考えられたとき、技術的にＩＴを利用すれば簡単に実現することができるのに、医療行為に関する法律の制限によって進められないアイデアがたくさんあります。

例えば、インターネットによる遠隔診療は、法的には対面診療が原則となっているため、依然としてさまざまなハードルが残されています。また、自動診断のようなレコメンドをするサービスになると、確実に医療機器に該当してしまうため、通常の承認プロセスが必要となり、実現するまでにかなりの年月が掛かってしまいます。

現在のところ、サービスを構築するための障壁がたくさんあるのは事実ですから、新しい技術によるサービスの構築にあわせて、法的な規制緩和も必要となってくるのです。

提供された細胞を加工して利用するような再生医療の分野では、その提供に対して金額をつけると、売血のようなイメージになってしまうため、逆に対価が支払いにくい状況になっています。そして、そういったイメージがついてしまったサービスは、まず普及しません。**倫理に関する問題は、その後の社会での受け入**

れられ方に繋がっていくので、サービスを考える際には非常に重要な問題となります。

最近では、プロジェクトに倫理の専門家が参加するケースも多くなっており、今後は新たな進捗が見られるかもしれませんが、特に医療の分野では、技術的には実現可能でも、それによって起こり得る状況をしっかりと考慮した上で進めていかないと、思いもよらない落とし穴が待っている可能性もあるのです。

おわりに

２０１８年1月下旬には、仮想通貨取引所が不正アクセスを受け、多額の仮想通貨が流出したというニュースがありました。つい最近の事件として記憶に残っています。

本書で述べてきたことを整理しますと、日本は世界の中で、仮想通貨の活用に前向きで、社会に実装されるよう制度設計を進めています。第2章で資金決済法の改正を述べましたが、仮想通貨の取引（交換）をする事業者は、そもそも金融庁への登録が必要ですが、今回問題になった取引所は登録されていませんでした。その後の報道を見る限りでは、顧客対応、内部体制（統制）、取引所の情報セキュリティの面で問題があると言わざるを得ない状況です（本書執筆時点）。

また、金融業界から見れば、資金決済法以外にも、消費者保護を含む各種法規制があり、社会にとって安全安心なサービスとして受け入れられるにはまだまだ黎明期だと言える段階です。

今回の個別事象でいえば、すでに、金融庁による介入（改善命令と行政処分の方向）があり、業界団体から、仮想通貨で等価交換する仕組みの問題というよりは、法定通貨と仮想通貨（今回の場合はＮＥＭという比較的新しい仮想通貨）を交換する取引所のセキュリティ対策不足の問題であると指摘されています。したがって、今すぐにＮＥＭ以外の仮想通貨で同様の問題が起こる／起こらないと断言はできない状況です。

また、第5章で述べたとおり、仮想通貨の基盤となる等価交換の仕組みとして、ブロックチェーンがよいかどうかですが、技術的な課題がすべて解決されている状況でもありません。

さらに、社会的な活用の一例として、医療データでの活用を述べました。この事例では、医療データの共有が重要になってきているのではないか、社会的な課題としてとらえるべきではないかという問題提起に始まり、今日の医療現場に照らし合わせて、何が課題か、思考実験、実証実験が進められています。

実験を通じて得られる結果から何が本当に解決すべき課題か、セキュリティ、個人情報、リスクと、得られる利便性とを常に比較しながら進んでいます。

大げさにいえば、経済、社会、文化、慣習、倫理、科学と技術といったあらゆる面から議論検討が進められ、結果的に世の中に受け入れられて浸透する仕組みになっていくものと考えます。

過去の例でいえば、本書のタイトルにある電子マネーもしかり、いまではネットバンキングやネットオークションも世の中で一定の理解を得て浸透していると は思いますが、そうなるためには業界として必要な処置体制が必要です。仮想通貨は、将来に向けてようやく検討が始まったばかりで、いろいろな分野で利用される可能性を秘めた、よりよい社会のための原石であると考えます。

著者代表　木田幹久

著者一覧

中村秀治（ブロックチェーンなど、ICT 活用全般）
http://www.mri.co.jp/company/staff/detail/profile_0165.html

奥村拓史（ブロックチェーン事業推進）
http://www.mri.co.jp/opinion/mreview/topics/201604-3.html
http://www.mri.co.jp/opinion/mreview/topics/201612-4.html
http://www.mri.co.jp/opinion/mreview/topics/201801-4.html

吉田薫（スマートコントラクト）
http://www.mri.co.jp/company/staff/detail/profile_0095.html

松田信之（フィンテック）
http://www.mri.co.jp/company/staff/detail/profile_0652.html

高橋淳一（決済全般、電子マネー）
http://www.mri.co.jp/company/staff/detail/profile_0507.html

岡本勝裕（決済全般、B2C・B2B）
http://www.mri.co.jp/company/staff/detail/post_5.html

小野寺光己（金融のデジタル化／ICT 活用）
http://www.mri.co.jp/company/staff/detail/profile_0531.html

植原 慶太（地域通貨、インバウンド）

谷口丈晃（ヘルスケア）
http://www.mri.co.jp/company/staff/detail/profile_0309.html

木田幹久（執筆企画、ヘルスケア）
http://www.mri.co.jp/company/staff/detail/profile_0550.html

●編著者プロフィール

三菱総合研究所

約760名の研究員を擁する総合シンクタンク。1970年の創業以来、独立・学際・未来志向の理念のもと、経済、企業経営、インフラ整備、地域経営、教育、医療、福祉、環境、資源、エネルギー、安全防災、先端科学技術、ICTなど幅広い領域で、時代の羅針盤としての役割を担っている。企業や国、自治体が抱える課題に先進的な解決策を提案し、その実行までを支援する。

マイナビ新書

知っておきたい電子マネーと仮想通貨

2018年2月28日　初版第1刷発行

編　著　三菱総合研究所
発行者　滝口直樹
発行所　株式会社マイナビ出版
〒101-0003　東京都千代田区一ツ橋2-6-3　一ツ橋ビル2F
TEL 0480-38-6872（注文専用ダイヤル）
TEL 03-3556-2731（販売部）
TEL 03-3556-2736（編集部）
E-Mail pc-books@mynavi.jp（質問用）
URL http://book.mynavi.jp/

装幀　アピア・ツウ
DTP　富宗治
印刷・製本　図書印刷株式会社

ISBN978-4-8399-6529-7

Printed in Japan